朝毎読

蜂飼耳書評集

蜂飼耳

青土社

朝毎読　目次

いまこのときを作る読書　9

渦巻模様にみる世界の生命循環……鶴岡真弓『ケルトの想像力――歴史・神話・芸術』青土社　18

理不尽な出来事いかに慈しむか……アキール・シャルマ『ファミリー・ライフ』小野正嗣訳、新潮社　20

読書で生まれる時空越えた共鳴……森内俊雄『道の向こうの道』新潮社　22

〈戻し訳〉に響く新しい音色
……紫式部、アーサー・ウェイリー訳『源氏物語　A・ウェイリー版1』毬矢まりえ、森山恵訳、左右社　24

積み重なるおかしさ恐ろしさ……田辺青蛙『人魚の石』徳間書店　26

図像から考える受容史の可能性
……及川智早『日本神話はいかに描かれてきたか――近代国家が求めたイメージ』新潮社　28

心ある出版の姿を伝える……涸沢純平『遅れ時計の詩人――編集工房ノア著者追悼記』編集工房ノア　29

編集という行為、果敢な挑戦……松岡正剛『擬　MODOKI――「世」あるいは別様の可能性』春秋社　30

社会的記憶の構築と継承……カルロ・セヴェーリ『キマイラの原理――記憶の人類学』水野千依訳、白水社　31

interlude＊1　栞を見つける　32

日本語の「歌」、実作者の目から……佐々木幹郎『中原中也――沈黙の音楽』岩波書店　34

言葉発する行為、正面に見据え……諏訪哲史『岩塩の女王』新潮社　36

心に触れる、ひろやかな考察……寺尾紗穂『あのころのパラオをさがして――日本統治下の南洋を生きた人々』集英社　38

蟹や羊の伝承がいざなう遠い旅……アイリアノス『動物奇譚集1・2』中務哲郎訳、京都大学学術出版会　40

恋愛？ 友情？ 友愛？ いいえ……松浦理英子『最愛の子ども』文藝春秋 42
生の痕跡から掘り起こす記憶……ポール・オースター『冬の日誌』『内面からの報告書』柴田元幸訳、新潮社 44
子どもの本へのまなざし……藤本朝巳『松居直と絵本づくり』教文館 46
オオタカと自然の教え……ヘレン・マクドナルド『オはオオタカのオ』山川純子訳、白水社 47
間柄示す、彩り豊かな言葉の橋……アンリ・マティス、ジョルジュ・ルオー、ジャクリーヌ・マンク『マティスとルオー 友情の手紙』後藤新治訳、みすず書房 48
人間の不可解さを直視する文学……アイザック・B・シンガー『メシュガー』大崎ふみ子訳、吉夏社 50
魂の交わりと作品への冷徹な目……高橋睦郎『在りし、在らまほしかりし三島由紀夫』平凡社 52

interlude＊2 〈自由〉の鍵 54

人生の分岐点、自然な手つきで……アリス・マンロー『ジュリエット』小竹由美子訳、新潮社 56
弾圧された人々の傷ひとつずつ……ハン・ガン『少年が来る 新しい韓国の文学15』井出俊作訳、クオン 58
音楽への愛情伝える、展開の妙……恩田陸『蜜蜂と遠雷』幻冬社 60
風変わりな漢文ににじむ人生……門玲子編著『幕末の女医、松岡小鶴1806―73――柳田国男の祖母の生涯とその作品』藤原書店 62
祝詞から憲法までの言葉の姿……池澤夏樹編『日本語のために 日本文学全集30』河出書房新社 64
俳人が語る戦争体験……金子兜太『あの夏、兵士だった私――96歳、戦争体験者からの警鐘』清流出版 66
鮎川信夫の詩と批評を見つめる……樋口良澄『鮎川信夫、橋上の詩学』思潮社 67
虚実の間、捉える言葉を探る……吉増剛造『怪物君』みすず書房、『心に刺青をするように』藤原書店 68

interlude ＊3 絵本のこと 70

長崎の絵師が切り取る世界……下妻みどり『川原慶賀の「日本」画帳――シーボルトの絵師が描く歳時記』弦書房 72
長靴をまだはかない猫
……ジョヴァン・フランチェスコ・ストラパローラ『愉しき夜――ヨーロッパ最古の昔話集』長野徹訳、平凡社 73
悪意に操られる記憶と人格……中村文則『私の消滅』文藝春秋 74
歴史を意識した詩人の多面性……菅野昭正編『大岡信の詩と真実』岩波書店 76
土地と言葉をめぐる上質な旅……齋藤希史『詩のトポス――人と場所をむすぶ漢詩の力』平凡社 78
未来の人類、揺らぎに共鳴……川上弘美『大きな鳥にさらわれないよう』講談社 80
新たな〈発生〉うながす視点……藤井貞和『日本文学源流史』青土社 82
能楽の根源、乱舞の芸能……沖本幸子『乱舞の中世――白拍子・乱拍子・猿楽』吉川弘文館 84
「目的や価値の軸」創造する知……吉見俊哉『「文系学部廃止」の衝撃』集英社 85

interlude ＊4 辞書と目薬の関係 86

生の断面鮮やか、奇想天外な物語……カレン・ラッセル『レモン畑の吸血鬼』松田青子訳、河出書房新社 88
文字か形象か、本質捉える挑戦……栗本高行『墨痕――書芸術におけるモダニズムの胎動』森話社 90
食材も作法も、驚きの変化たどる……石毛直道『日本の食文化史――旧石器時代から現代まで』岩波書店 92
見えないもの暴く、精神の深層……李承雨『香港パク』金順姫訳、講談社 94
恋愛よりも深い奇跡的な間柄……川上未映子『あこがれ』新潮社 96

相互依存の糸、終わりが始まり……青山七恵『繭』新潮社 98
東アジア視野に文学史問い直す……黒川創『鷗外と漱石のあいだで――日本語の文学が生まれる場所』河出書房新社 99
脆くはかない人間の生の輝き……小川洋子『琥珀のまたたき』講談社 100
人生の足元、確かめ拡がる世界……大城立裕『レールの向こう』新潮社 102
馬と一族の宿命、体感的に描写……河﨑秋子『颶風の王』角川書店 104
不信と孤独の連鎖を凝視する……イーユン・リー『独りでいるより優しくて』篠森ゆりこ訳、河出書房新社 106

interlude＊5 青いレモン 108

人生を支える「優しさ」の記憶……中脇初枝『世界の果てのこどもたち』講談社 110
実学としての文学を見渡す……荒川洋治『文学の空気のあるところ』中央公論新社 112
ウィットと軽み、原点を見つめる……谷川俊太郎『詩に就いて』思潮社 113
老いの時間に渦巻く死と官能……古井由吉『雨の裾』講談社 116
響き合う人生と都市の回想……呉明益『歩道橋の魔術師』天野健太郎訳、白水社 118
改竄された「源氏」、「現代」映す物語の妙……古川日出男『女たち三百人の裏切りの書』新潮社 120
人生で大切なこと、深く見つめた言葉……長田弘『長田弘全詩集』みすず書房 122
困惑と屈託を味方につけて……色川武大『友は野末に――九つの短篇』新潮社 124
制度と図式に対抗する小説……田中慎弥『宰相A』新潮社 126

interlude＊6 加納光於の眼 128

近代詩の周辺を探る……尼ヶ崎彬『近代詩の誕生――軍歌と恋歌』大修館書店 130
時代を歩む顔……久世光彦『歳月なんてものは』幻戯書房 131
悪の奥底を見つめる……中村文則『王国』河出書房新社 132
極限体験と人への思い……竹山博英『プリーモ・レーヴィ――アウシュヴィッツを考えぬいた作家』言叢社 134
日本社会を映すコピーの言葉……安藤隆ほか編著『日本のコピーベスト500』宣伝会議 136
詩歌に詠われる生き物たち……小池光『うたの動物記』日本経済新聞出版社 137
揺さぶり挑発する「言葉」……伊藤比呂美『続・伊藤比呂美詩集』思潮社 138
上海生まれ、伝統と退廃……池上貞子『張愛玲――愛と生と文学』東方書店 141
中台史の生き証人……野嶋剛『ふたつの故宮博物院』新潮社 142
笑いと闇と表情筋……町田康『ゴランノスポン』新潮社 144
自分なりの速度で生きる……稲葉真弓『半島へ』講談社 146

interlude ＊7　悩みと向き合う詩　148

切手に見る戦後の日本……内藤陽介『切手百撰――昭和戦後』平凡社 150
『古事記』神話と変形のプロセス……西條勉『『古事記』神話の謎を解く――かくされた裏面』中央公論新社 151
「楽」の向こうを見る……山之口貘『山之口貘詩文集』講談社 152
破綻通し完成する関係……オラフ・オラフソン『ヴァレンタインズ』岩本正恵訳、白水社 154
近代化支えた女性の声……和田英『富岡日記』みすず書房 156
外部への無限の広がり……木村大治『括弧の意味論』ＮＴＴ出版 158

西洋翻訳文学の変容……高田里惠子『失われたものを数えて──書物愛憎』河出書房新社 160
アメリカ生まれの詩人の視点……アーサー・ビナード『亜米利加ニモ負ケズ』日本経済新聞出版社 162
文法から考える時間の表現……藤井貞和『日本語と時間──〈時の文法〉をたどる』岩波書店 163
言葉と遊ぶ授業……柳瀬尚紀『日本語ほど面白いものはない──邑智小学校六年一組特別授業』新潮社 164
interlude ＊8 光をめぐって 166
獰猛なまでの美しさ……リチャード・ジョーンズ『ナノ・スケール──生物の世界』梶山あゆみ訳、河出書房新社 168
現実と口承を重ねる旅……津島佑子『黄金の夢の歌』講談社 170
枯淡とユーモア……森於菟『耄碌寸前』みすず書房 172
個人の生に起こる奇跡……ウィリアム・トレヴァー『アイルランド・ストーリーズ』栩木伸明訳、国書刊行会 174
過去と現在のあいだで……南木佳士『先生のあさがお』文藝春秋 176
ずれから生まれる対話……多和田葉子『尼僧とキューピッドの弓』講談社 178
詩の顔　導き出す対話……谷川俊太郎／山田馨『ぼくはこうやって詩を書いてきた──谷川俊太郎、詩と人生を語る』ナナロク社 180
interlude ＊9 藤村のいろはかるた 182
多様な味わい伝える……齋藤希史『漢文スタイル』羽鳥書店 184
生の開花を映して……ボリース・パステルナーク『リュヴェルスの少女時代』工藤正廣訳、未知谷 186

過去から現在への旅路……柴田元幸『ケンブリッジ・サーカス』スイッチパブリッシング 188
行き場のない淡い恋情……黒井千次『高く手を振る日』新潮社 190
夢と寝覚めの感触……古井由吉『やすらい花』新潮社 192
それでも日々はつづく……イーユン・リー『さすらう者たち』篠森ゆりこ訳、河出書房新社 194
流され転がる日々の果て……平田俊子『スロープ』講談社 196
生の哀歓に気づく視線……ささめやゆき『十四分の一の月』幻戯書房 198
喪失と回復を見つめる……クレア・キーガン『青い野を歩く』岩本正恵訳、白水社 200
祭りと旅の歓喜を映して……佐々木幹郎『旅に溺れる』岩波書店 202

あとがき 203

いまこのときを作る読書

本を読むことは、言語や時代など、背景にある条件、あるいは環境を考えるとどこまでも社会的な行為だ。同時に、いうまでもないが、現代においては相当に個人的な行為でもある。別の言い方をするなら、個人的な行為になる段階へ達してこそ、熟した読書と呼ぶことができるのではないだろうか。

つまり、ある本、もしくはある作品が目の前に来たときに、他の人にとってはどうかわからないが自分にとっては明らかに、これは深さを伴う出会いだ、とわかるかどうかが肝心なのだ。読書とは何かと問われるなら、こうした認識の繰り返しだと答えるしかない気がするけれど、どうだろうか。

ところが、こう書いてみて、気づくことがある。それは、深い出会いだと認識し受け止める力もまた読書を通して養われるものにほかならない、ということだ。言葉を通し、読むことを通して、人はまさにいま目の前へ出現しようとする大切な事象を、捕まえる感覚や判断力を培うことができる。

読書は、人間の想像力を遥か遠くへ運ぶ。たとえばそのような表現を目にすることがある。けれど、遠いどこかと繋がるだけでなく、同時にその反対、つまり、いまその人がいる場所と現在を作り出し、紡ぎ出す行為だともいえる。遠い場所どころか、いま現在、まさにいまこのときを出現させる行為が読書だ、と。そして、人がその場に立つことを、読む前には想像すらしなかった方向から不意に支える。読書はそのようにして、人間に現在を与えるのだ。

いつ、だれが書いたのか、名前があってもなくても、どこかのだれかが書いた言葉や伝えた言葉が、読むこと、受け取ることを通して、身体を通過していく。抜けていき、忘れてしまうこともある。というより、むしろそのほうが多い。抜ける途上で、思いがけず身体に残るものが生じる場合もある。それは読書の記憶、痕跡となる。数えきれない記憶や痕跡が地層を成していく。この景観は、外側からはほとんど見えない。その人だけが知る精神的な地層だ。

人が人と出会うときには、知らず知らずのうちに、さまざまな意味において、この精神的な地層を見せ合うものだ。心の中にある道や谷や崖、言葉の蓄積が模様を描く地層を、そっと見せ合い、何事かを納得する。読んでも忘れてしまう本や言葉が、そこに計り知れないほど含まれていることは不思議だ。

覚えていることだけが重要なのではない。忘れてしまい、もはや復元できない経験は、覚えている事柄と同じくらい大切で、かけがえがない。これは、ある程度大人にならないと気づかないことかもしれない。子どものあいだは、覚えなければいけないことがあり過ぎるから。

忘れないための読書、身につけるための読書は、いわゆる学習に属するだろう。それに対し、身体を通過させてはいくらでも忘れていく読書がある。読書の醍醐味はむしろ、こちらにある。個人的な行為としての、熟した読書は、おそらくこうした感触から始まる。

読書というと、脳裡に浮かぶ一つの情景がある。それは、フランスの画家オディロン・ルドン（一八四〇－一九一六）が書いた、一〇代のころのある出会いについてだ。

一回りほど年上のその人物の名は、アルマン・クラヴォー。ボルドーの植物園で仕事をする植物学者。ルドンの思想形成にもっとも深い影響を与えたといわれる人物だ。植物についての著作もある。

回想的な文章から成る『ルドン　私自身に』（池辺一郎訳、みすず書房、一九八三）には、ルドンが若い日々に接したクラヴォーのおもかげが断片的に書き留められている。「私にはうまくいえませんが、知覚の限界のような世界で、動物と植物の中間の生命、花というか存在というか、一日のうち数時間だけ、光線の働きによって生物として生きる神秘的な存在を研究していたのです」。

ルドンは、クラヴォーのことを「めったにないことですが、彼は学者であると同時に芸術家でした」と記す。ルドンは、クラヴォーからさまざまなことを学んだ。博物学や文学や哲学、目に見えることと、見えないことについて、知識と刺激を与えられた。当時まだ珍しかった顕微鏡を、そっと覗きこんでは生きものたちを観察するクラヴォーは、インドの詩を好んで読んでいたという。一九世紀のボルドーで、インドの詩。どんな人だったのだろうか。

断片的な回想は、さらにこう伝える。「孤立した地方生活の中ではむずかしいことですが、あらゆる時代を通じて名作ばかり集めた書庫を整えていました。彼はインドの詩を、何ものにもまして美しいものとして私に語ってくれました。貧しい生活の中で、節約を重ねて苦心して蒐集したのです」。この記述は、書物が大事にされる情景として心に響く。慎ましく、ひっそりとした暮らしの中で本を大事にする人のすがたは、読書にまつわる本源的なかたちを伝えている、という気がしてならない。

クラヴォーは、当時の新しい文学の動向にも通じていて、ルドンにフローベールの本を教えたという。エドガー・アラン・ポー、ボードレールなどを読む機会をもたらしたのもクラヴォーだった。

「スピノザに対しては、ほとんど宗教的な崇拝心を持っていました。スピノザという名を口にする時は、やさしい感情が声にこもって、聞く方もそれに感動してしまうのでした」。こうした数行からも、クラヴォー、そしてルドンがどんな人物か、伝わってくる。ここにはなにか大切なことがあるようだ。つまり、言葉や先人が書いたものを受け取るときの、姿勢に関わる問題だ。大切にする、とはどういうことかをめぐる、もっともシンプルなかたちが、ここにあるように感じられる。その感触を、ルドンは、ほんの短い言葉で書き留めることが出来ている。

もちろん、ルドンはまだ画家として芽が出る段階ではない。そのころに出会い、多大な影響を与えられたクラヴォーが、このように、個人的な行為としての読書、熟した読書の方法を身につけた人だった。ルドンにとって決定的な出会いだったのだ。一方、クラヴォーにとっては、どうだったのだろう。自分とは違う資質の持ち主である年下の友人が、将来どうなっていくのかを、きっと楽しみに見守る気持ちだっただろう。

その後、画家として生きる道を探すためにパリで暮らすようになったルドンだが、故郷のボルドーへ戻るときにはいつもクラヴォーを訪ねる時間を持ったという。見えない膨大な宝を、ルドンはクラヴォーから受け取り、やがて目に見える絵として表していった。一八七九年に発表されたルドンの初めての石版画集『夢のなかで』は、クラヴォーに捧げられている。

『ルドン　私自身に』の中に、「私が書き取っておいた彼の言葉には、次のようなものがあります」という一行があり、続いて、クラヴォーの言葉が九つほど箇条書きにされている。それはたとえば「美は、静かで休息をあらわすものであり得るし、運動と生命をあらわすものでもあり得る」といった、かなり抽象的な内容だ。いずれにしても、ルドンにとって印象深く響いた言葉だったのだ。

書き留めておこうと思った、ということから、クラヴォーに対し尊敬の念を抱いていたことが伝わってくる。その箇条書きの、生真面目さ。ほほえましい、という感想が浮かんで、胸を流れて消えていく。書いて手元に残したいと、思ったルドンの心の動きが見て取れる。人と出会い、言葉と出会うということは、なるほど、こういうことかもしれない、と思う。そんな情景を心に抱える瞬間、生の時間は濃くなる。それは生の根に触れるような瞬間だ。

いま、日本社会で読書はどういうものになっているだろうか。本は、昔ほどは読まれていないという見方もある。楽しみの一つなので、娯楽の選択肢が格段に増えた結果、本離れも進んだのだという意見を聞くこともよくある。読みたい人が読めばよく、それだけのことだという意見も耳にする。しかし、結論からいうと、やはり読書は単なる娯楽ともいえない側面が強く、心や頭を少しずつ作っていくという意味で、ほとんど危険と隣り合わせの行為だ。

言論の自由があるいまの日本社会で、大切な本と、どのようにして出会うことができるだろうか。限られた時間の中、生の途上で、自分にとっては意味がある、といえる本と、どのように行き会えるだろう。

そんなことを考えてみるとき、一つの方法として、書評が浮上する。あの人が、このように書いていた。あのように褒めていた。批判していた。別の人は否定していた――。書評に開陳された、本に対する見方、捉え方を手掛かりとして、本との出会いがもたらされる。書評が生み出す本との縁は確かにあると、さまざまな場で書評を書いてきた身としては思いたい。

書評は、読むのも書くのも、新聞の書評が好きだ。雑誌等と違って、新聞の書評は字数が比較的少ない。だいたいが四〇〇字、八〇〇字、長くて一一〇〇字前後といった感じだ。字数が少ないと、おのずと凝縮していく方向になる。

新聞の書評の面白い点は、なんといってもこの凝縮感だ。字数は決まっていて、句読点一つでもはみ出せないが、その感じがなんともたまらない。どんな本か、どんな内容なのかを紹介しつつ、考えたことや感じたこと、批評を織りまぜて書いていく。

書いている途中で見えてくることがいつもある。だれかの書評を読み、取り上げられた本を書店で探す時間もまた魅惑的だ。いまいる場所、まさにいま現在を、作り出す行為としての読書を、何度でも捉え直したい。熟した読書を求め、本との出会いを深めたい。

朝毎読　蜂飼耳書評集

渦巻模様にみる世界の生命循環

ヨーロッパには、キリスト教が広まる以前にケルトの文明文化があった。その伝統は、アイルランドやイギリスのウェールズ、フランスのブルターニュ地方などにいまも伝わっている。本書は、四〇年にわたってケルト研究に携わってきた鶴岡真弓による魅惑的な書である。

歴史や美術、神話や詩などの文学、映画や音楽なども含めて広い視野で綴られる。とくに『ダロウの書』や『ケルズの書』など、中世の修道院で作られた装飾写本をめぐるテーマは、かつて著者が『ケルト／装飾的思考』で展開した内容と共鳴し、現在もなお新鮮だ。

たとえば、始まりも終わりもないような連続する渦巻文様に、ケルトの神話や芸術に一貫する世界の捉え方を見る。〈ケルト美術の方法論において、動物に限らずあらゆる存在は「成ったもの」ではなく「成りつつあるもの」として出現する〉と表現される。

一九世紀末には「ケルト復興」と呼ばれる民族的アイデンティティーの自覚を喚起する運動が起こったり、二〇世紀にはEU統合の古層のイメージとして登場したり、ケルトについての受け止め方は絶えず移り変わってきた。考古学の新たな成果や遺伝子研究により、現状では地域ごとの研究が盛んになり、深められているという。
研究は更新されるものだ。だが、本書の素晴らしい点は、時代の変化にさらされても、それでも変わらない芯と見なすことのできる部分を、繰り返し強調していることだ。たとえばそれは、ケルトの生命循環の考え方に対する考察だ。また明治以降の日本人が漠然と考えた「西洋、ヨーロッパ」が、一枚岩ではなく多様だという、当然といえば当然だが今後も重要となる視点について、省かずに記す姿勢にも引かれる。この本を読者へ届けようという考え方が見えるからだ。著者がなぜケルト芸術に感動し、研究の道に入ったのかがよく伝わってくる。

『ケルトの想像力――歴史・神話・芸術』鶴岡真弓、青土社
（『朝日新聞』二〇一八年三月二五日）

理不尽な出来事いかに慈しむか

インドのデリーからアメリカへ移住し、新たな生活を始める一家。父と母、兄のビルジュ、弟のアジェ。本書は、少年だったアジェの目から捉えられた家族の日々を、回想的に描く小説だ。ある日、兄はプールで事故に遭う。その後遺症によって、本人も家族も苦しむことになる。学業優秀だった兄だが、決まっていた高校進学の道が閉ざされたばかりでなく、身のまわりのことも自分では出来なくなってしまう。家族の暮らしは一変する。

状態は好転しない。父は酒に溺れ、母はやり場のない怒りに取りつかれたようになる。それでも、家族が兄を見棄てることはない。アメリカ社会での慣習の違い、人種や宗教の違いなどから生じる困難を少しずつ乗り越え、一家は変化に対応していこうとする。悲しみや苛立ちや罪の意識に襲われることがあっても、それらすべてを抱えて生きていくのだ。

「僕」は本を読むようになり、ヘミングウェイ関連の書物に目を通す。やがて、自分でも物語の執筆を試みるようになる。「僕たちの苦しみが含まれる文章を書くのだ」という自覚が、一〇代半ばの少年を強く揺さぶる。「書くことは僕を変えた」。心に抱えるものを言葉に置き換える行為が、少年を成長させていく。

脳に損傷を受けた兄は、もう一言も喋ることはできず、目を開けた状態でも見えていない。兄の在り方を受け入れ、それに添いつつ、家族はかたちを変えていき、それぞれに年を取っていく。どのように生きても一生は一生だ。

理不尽な出来事が人生に残す爪痕を、どうしたら直視でき、どのように慈しむことができるのか。この自伝的小説が発する問いは、どこに、いつの時代に生きても、多かれ少なかれ誰もが直面する悲しみや悔しさや怒りと結びつく。だからだろう、言葉による表現を読む、という体験についての、基本的な姿を何度も思い起こさせるのだ。

『ファミリー・ライフ』アキール・シャルマ、小野正嗣訳、新潮社

（『朝日新聞』二〇一八年三月四日）

読書で生まれる時空越えた共鳴

一九五〇年代後半に著者が過ごした大学生の時期を、自伝的に綴ったこの連作小説集は、読書の時間に満ちている。かつての学生は、こんなふうに本を読んだのだ。ここに書かれていることは、いずれも唯一の経験であるはずなのに、ある種の典型でもあるかのように見えてくる。そんな場面がいくつもある。

クラスのある女子学生がフランスの大河小説を読んだとなれば「大急ぎで追っかけ読書をするものがいた」。長い作品なら簡単には読了できない。「そこをあえて、乗り越えるのである」。学生同士の対話も、たとえば「いま、何を読んでる?」「島崎藤村『夜明け前』を半分くらいのところ。学生運動をしているような人たちは、読むべきだよ、幕末、明治初期についての勉強がしたい」といった感じだ。読書そのものはいつも、一人の行為だ。けれど、身近なところで共鳴が生じる歓びには、愉しさ以上の切実さがある。

実家は大阪。東京との往復には夜行列車を使う。夜行のベッドでも読書。その時間にも発見があり、友人に語りたくてたまらない。「夜行列車の読書の感想を話したいばかりに、雑司ケ谷墓地そばの田中一生の下宿を訪ねた」。こうした光景に懐かしさを感じるか、むしろ新鮮さを感じるかは読者しだいだ。恋愛や喧嘩があり、定食屋、音楽喫茶、酒があり、確かにある時代の学生風俗が切り取られているのだが、固有名詞を伴う具体的な記述が多いわりには、後へ残る味は意外なほど軽やかだ。

投稿雑誌に詩が選ばれて載ったこと、伊東静雄の詩集をとても大切にしていたことなど、詩への思いも描かれる。古書店で買った本に、以前の持ち主によるものか、鉛筆で傍線が引かれている。「わたしは、それに負けまいとして頑張った」。だれかが、どこかで本を読んでいる。その痕跡や、時間と空間を越えて生まれる共鳴の尊さが、じつに爽やかに伝わってくる。

『道の向こうの道』森内俊雄、新潮社
(『朝日新聞』二〇一八年二月二五日)

〈戻し訳〉に響く新しい音色

アーサー・ウェイリーによる英訳『源氏物語』(『ザ・テイル・オブ・ゲンジ』)は、一九二五年に刊行が始まった。九年の歳月を掛け、第六巻で完結。この長大な物語に世界文学としての場所を与え、いまも影響をもたらし続けているウェイリー訳を、日本語に訳したらどうだろう。毬矢まりえ・森山恵による今回の翻訳(全四巻)は、百年ほど前のヨーロッパの文化と接触した『源氏物語』を現在の日本語の場へ連れて来る意欲的な試みだ。〈戻し訳〉は佐復《さまた》秀樹訳『ウェイリー版　源氏物語』(平凡社、二〇〇八－〇九)が最初だが、それに次ぐ挑戦となる。

登場人物名はカタカナ表記。ところどころ、漢字がルビとして入れられるなど、読者が文字からイメージを引き寄せられるように工夫が施されていて面白い。たとえば「ワードローブのレディ」に「更衣」、「カーテン」に「御簾《みす》」、「リュート」に「琵琶」など。

ウェイリーはある日、勤務先の大英博物館で日本画の整理中に「須磨」の一場面を目にした。そのとき急に『源氏物語』を読んでみたくなり、翻訳へ繋がったという。日本文化を背景に持つ読者、日本語話者、日本人にとっても、一〇〇〇年ほど前の物語は身近なわけではない。その意味でもウェイリーが注いだ視線は重要な手掛かりだ。この〈戻し訳〉はウェイリーの脳裡にひろがった『源氏物語』の様態を伝えるだけでなく、文体と文章のテンポなどに現在だからこそ可能なかたちを展開していて楽しい。

ゲンジが忍んで来ることを察知し、いち早く部屋から逃げたウツセミが脱ぎ残したものを、ウェイリーは「スカーフ」にした。訳文は「ウツセミが逃げ去るときに肩から落としていった、薄絹の一枚でした」。紫式部の原作では「小袿《こうちぎ》」だ。

今回の訳では、全体的に和歌が補われている。それで、たとえば「逢ふまでの形見ばかりと見しほどに、ひたすら袖の朽ちにけるかな」というゲンジからウツセミへ贈られた歌は、小袿の袖を表しているので、スカーフとは隔たりがある。この隔たりに私はむしろ心打たれた。ウェイリー訳と今回の〈戻し訳〉とが手を携えた成果は、一見亀裂とも見えるこうした箇所から見えてくる。昨年刊行が開始された岩波文庫『源氏物語』は注だけで原文が読める画期的な本だが、その校注者の一人、藤井貞和によって本書の和歌表記の監修が行われている。新しい『源氏物語』が響かせる音色に耳を傾けたい。

『源氏物語 A・ウェイリー版1』紫式部、アーサー・ウェイリー訳、毬矢まりえ訳、森山恵訳、左右社

（『朝日新聞』二〇一八年二月四日）

積み重なるおかしさ恐ろしさ

田舎の山寺へ「私」は移り住む。そこを一人で守っていた祖母の死後、継ぐ気になった。子供の頃、山と寺で過ごした思い出が「私」を動かす。「私」を「坊っちゃん」と呼ぶ徳じいは、昔から寺のことをよく知っていて、土地の変化を語ったり、何かと「私」の世話を焼いたりする。

そんなふうに田辺青蛙のこの小説は始まるのだが、池の水を抜いたところ、底に思いがけないものを発見する。白い大きな石かと思ったものは、なんと真っ白な男だ。白い男は人魚だという。「私」の祖父母のことを知っている。長い間、池の水の底で寝ていた。

幽霊を閉じこめられる石、記憶を消したり与えたりできる石、魚が入っている石、天狗の石、入れ目になる目玉の石。奇想天外な石が出てきては「私」を翻弄する。「私」の家系の者は石の音を聞く力を持っている。見つけられたいとき、石は音を立てる。それに従って、山の中で石を探し当てることができる。

ファンタジックな作風だが、宇治や滋賀など現実にある地名が出てきたり、エゴや欲について掘り下げて書かれる箇所があったり、殺人が起きたり、いわゆるホラーの手法も取り混ぜられていて、ときどき、どきりとさせられる。作者好みの多様な要素が集められ、並べられ、ある意味でジャンル分けを越えた自在な場を成立させているところに、本書の魅力がある。

具体的な描写や、一見さりげない感じで挟まれた一文に、引き止められる瞬間が楽しい。たとえば茄子について。「徳じいに分けて貰ったぬか床に入れて、ぬか漬けにし、残りは味噌汁に入れたり、焼き茄子にして食べよう」という一文の、簡潔で温かい感触。また山の中での一瞬の出来事。「はてっと思い、辺りを見回すと、天狗が簡易コンロに鍋を載せて天ぷらを揚げていた」。おかしさや恐ろしさが積み重ねられるその先へ、未知の場がふと顔をのぞかせる。

『人魚の石』田辺青蛙、徳間書店
（『朝日新聞』二〇一八年一月七日）

図像から考える受容史の可能性

『古事記』『日本書紀』などの日本神話や古代説話が、近代においてどのように受容されたかを、雑誌の口絵・挿絵、絵葉書や双六、薬の包み紙などに見られる図像の数々から探る。研究史的には不毛とされてきた戦前期。しかし、図像を中心とした受容史の視座から考えるなら、文字に書かれていない事柄へ向かう逸脱や変容が、興味深いかたちで出現していると著者は考察を重ねていく。

たとえば「イナバのシロウサギ」。そこに登場するワニは爬虫類か魚類かという、従来さまざまに議論されてきた点について、著者は「曖昧さを有する語」のワニを一種に限定する方向付けそのものに、近代的合理主義の視点を見る。

文献に髪型の記述のない神武天皇が、図像化される際になぜ「みづら」という髪型にされたのかなど、近代が求めた理屈を手掛かりに論じられる。文字が語らず、絵だけが語る解釈や出来事があるのだ。本書は、受容史の可能性を伝える。

『日本神話はいかに描かれてきたか——近代国家が求めたイメージ』及川智早、新潮社

（『朝日新聞』二〇一七年一二月三日）

心ある出版の姿を伝える

関西の重要な文芸専門出版社・編集工房ノアは、独自の判断と価値観を貫いてきた。本書は、その社主である涸沢《からさわ》純平が折に触れて綴った著者たちとの交流、追悼の文章などから成る。ひっそりとした佇まいの中、硬軟自在に織り成されるその文章は、いくつもの生と死を見つめて歩む。

言葉を扱うことの基底にある人と人とのやりとりの、最も大切なかたちが、そこなわれずに保たれ、ここにある。大阪で活躍した詩人・港野喜代子。蒲鉾《かまぼこ》店で働きながら詩を書いた清水正一。本居春庭の評伝を著した足立巻一。出版業に携わりながら詩を書き三〇代で没した黒瀬勝巳。ユーモアのある詩が愛されいまも読み継がれる天野忠。

巻末の広告を見ていて、どの本も読みたくなる。本は精神、思考、心情を運ぶものなのだと改めて思う。ものを書くとは、他の人の言葉を読みながら、受け取りながら、進んでいくことだ。心ある出版、芯のある出版の姿が見えてくる。

『遅れ時計の詩人――編集工房ノア著者追悼記』涸沢純平、編集工房ノア
（『朝日新聞』二〇一七年一一月二六日）

編集という行為、果敢な挑戦

編集という行為に、きわめて独特の視点と広がりを与え続けてきた松岡正剛による本書は、ものの見方、とくに日本文化についての柔軟な論から成るエッセイだ。古今東西のさまざまな表現への言及を含みながら自在に積み上げられていく展開は愉しい。

世の中を「擬《もどき》」あるいは「別様の可能性《コンティンジェンシー》」として捉え直したいという動機や態度は、既成の概念と線引きの仕方に対する果敢な挑戦にほかならない。

蕪村の句「凧《いかのぼり》きのふの空のありどころ」に強く惹かれてきたという。凧はもうなくて、空だけがある。そこに凧の「面影」を見る。「面影を編集する」という言葉が印象深い。著者のものの捉え方を端的に示す表現だ。本物があって擬物があるのではなく「ほんと」と「つもり」はまじりあっているのだと、著者は論をほぐすように語る。

この本は、読者に何かを始めさせる力を持っている。好奇心と考察を編み上げていく手つきが魅惑的だ。

『擬　MODOKI——「世」あるいは別様の可能性』松岡正剛、春秋社

（『朝日新聞』二〇一七年一一月一二日）

社会的記憶の構築と継承

近年の人類学は、従来の「自然／社会」「科学／文化」「近代／未開」といった近代的な分割を乗り越えようとする展開を見せている。本書は、人類学者カルロ・セヴェーリの研究を、初めて日本語で翻訳紹介する画期的な一冊。やや難しい箇所もあるが、言語と文化、イメージ、詩に関心を持つ読者は、いくつもの想像の源泉と出会うだろう。

著者は、特定の地域研究の枠にとらわれない。多分野の研究手法を横断し、時代や文化の隔たりを超えた「比較」研究へ向かう手法を模索する。これまで「口承的」と呼ばれてきた無文字社会で記憶はいかに継承されてきたのか。アメリカ先住民の絵文字やオセアニアのイメージなどが分析の対象となる。

記憶が社会的に共有される「儀礼」の場に焦点を定めた本書の探求は、社会的記憶の構築と伝達、そこに関わる言葉とイメージの役割を考察することへ向かう。人間をめぐる新たな視点が切り拓かれる。

『キマイラの原理——記憶の人類学』カルロ・セヴェーリ、水野千依訳、白水社

（『朝日新聞』二〇一七年八月二〇日）

栞を見つける

友人知人の子どもに数人、栞という名前の女の子がいる。そのうちのひとりに、どうして栞って付けたのかと聞いてみる。「本を読むのが好きだから」。シンプルな答え。音の響きも、なんとなく、かわいらしい。

古書店で買い求めた本から、以前の持ち主が挟んだのであろう栞が、ひょいと出てくることがある。書店や企業の宣伝の栞の他に、まれに、昔の観光地でおみやげとして売られていたような栞が出てくる。

その表に刷られているのは、神社仏閣、湖とロープウェイ、滝など。栞は語る。鮮やかすぎる印刷や粗雑な印刷が、歳月とともに色あせてこうなりました、と。本に挟まれていても、紙と紙のあいだに隠されていても、こんなささやかな場にも時の変化はおとずれる。五重塔の下や湖のほとりに、ぽつんと小さく写る人の、髪形や服装もどこか昔風。その瞬間、寂しさがふっと通過する。

ある編集者が口にした言葉がよみがえる。「本を作ることって、ある意味で死者の仲間入りをすることだという気がするんです」。確かに、本棚に並ぶ本がそれぞれ通ってきた時間はばらばらで、著者も生きていたり、生きていなかったり、遠い過去の人だったりする。

笹井宏之の短歌を思い出す。「冬の野をことばの雨がおおうとき人はほんらい栞だと知る」。やわらかさのなかに説得力があり、思わずぼんやり立ち止まる。

栞という語には他に、山林で道を覚えておくために枝を折って目印としておくものという意味がある。だれもが、刻々と過ぎて行く時間をだれかの心に残す、そんな栞になっている。知らないあいだに。


（『毎日新聞』二〇一三年一〇月一日東京夕刊）

日本語の「歌」、実作者の目から

中原中也における「歌」の問題を、本書は詩と詩集（『山羊の歌』『在りし日の歌』）の生成過程を独自の見方で追うことにより、従来にないレベルで解き明かす。中也や詩になじみのない読者にも、詩の好きな読者にも、それぞれに反応できる位相で記述が展開されている点が魅力だ。

中也の生涯と時代背景にも触れることができる入門的な面を充分に具えている一方で、精緻で専門的な分析が最新の中也研究の視点をひろく伝える。本書の論には、現代の日本語で詩を読み書きすることの根底にあるさまざまな問題、つまりリズムや音律的な特徴を捉え、これからの詩を考える上で大事な論点がいくつも含まれている。その意味で、詩のみならず、日本語による表現全般に及ぶ論の糸口が示されている。

とりわけ重要で興味深い箇所は、冒頭にも書いた「歌」をめぐる分析だ。といっても、短歌や歌唱のことでなく、〈文字の上で成立する「歌」と「声」〉を指す。著者は、同時代の詩人・批評家の岩野泡鳴による評論や発想に、まるで共鳴するように、中也の詩がかたちを成していったと論じる。新しい指摘であり、説得力がある。

たとえば詩「曇天」の分かち書き（字間をあける書き方）の方法に、泡鳴の影響を見る。中也は〈日本の詩語のなかに、文字化されることによって削り取られてしまった身体的なリズムを回復しようとしていた〉という。歌唱や朗読とは別問題。あくまでも、書かれた詩が含み持つ「歌」であり、リフレイン（繰り返し）やリズムが生み出す力に中也が鋭く反応したことを、著者は詩の実作者としての目線で把握する。

著者が編集委員であった『新編中原中也全集』刊行以降に発見された新資料などからも考察は柔軟にひろげられ、いまもなお新たにされつつある中原中也像がいきいきと示される。詩人・佐々木幹郎だからこそ可能となった本書の姿だ。

『中原中也——沈黙の音楽』佐々木幹郎、岩波書店

（『朝日新聞』二〇一七年一〇月二九日）

言葉発する行為、正面に見据え

言葉を一つ一つ確かめながら綴る。書いては消し、消してはまた書く。そうした営為、言葉を連ねていくことの歓びと苦しみが、ありありと伝わってくる。諏訪哲史の小説集『岩塩の女王』において、心ある読者が経験することは、執筆の呼吸をめぐる作者の体感そのものにほかならない。

いったんそれに気づくと、収録された六編の、文体やモチーフと呼ばれるものがいかに掛け離れていようと、そんなことは問題ではなくなる。言葉をたどり、空白を読む。文章の呼吸と進行をなぞり、体感することができる。単語の一つ一つに、作者が手に取って確かめた感触がある。文学作品を読むときの、基層部分にあたる楽しさがそこにはあるのだ。

失語症の予後に似た状態の中で書かれた「無声抄」。言葉を見失う危機に陥っても、最後に戻るところはやはり言葉だった。「いま、言葉がはじまる、そういう予感が、めまいをともなう強烈な陽光のごとく、かれのうえに照りつけていた」。人間が言語を有することそのものを、言祝ぐ一行ではないか。言葉を発する行為を、正面から見据えるとき、この一行はけして大仰には響かない。

表題作「岩塩の女王」や「幻聴譜」など、寓話風の作品には作者の好みが反映され、手腕が発揮されている。その一方、夫婦の日常を描く「ある平衡」には、作者にとっての新たな試みが仕組まれ、言葉の連関が見せる亀裂のみずみずしさが、親しみを喚起する。

三半規管にも似た作りの屋敷に住むピアノ教師・津由子、庭のカタツムリ、聞こえなくなる耳。どこまでも親和性のあるイメージが共鳴する作品「蝸牛邸」は、ぞっとするような深みを見せ、引き込む。聴覚的な要素は先に触れた「無声抄」とも響き合う。作品によっては、行分け詩を思わせる箇所もあり、詩を感じさせる小説集。作者が言葉と鋭く向き合った、その痕跡を受け取りたい。

『岩塩の女王』諏訪哲史、新潮社
(『朝日新聞』二〇一七年一〇月八日)

心に触れる、ひろやかな考察

一九二〇年から終戦まで日本の統治下にあったパラオについての、取材と考察をまとめた本書は、いまを生きる著者の伸びやかさが持ち味のルポだ。パラオといえば、南洋庁に赴任し現地で暮らした中島敦の「南洋もの」と呼ばれる小説が思い起こされるけれど、著者の関心も中島敦から始まったという。

民俗学者や生物学者、パラオ放送局に勤めたアナウンサーなど、中島敦と同様、パラオに住んだ日本人の記録。統治下のパラオ人やその下の世代のパラオ人が、当時をどのように考え、受け止め、伝えているか。また、開拓をめざしてパラオに渡った元移民の人たちと、「内地」へ引き揚げてからの新たな入植、現在に至るまでのこと。

研究でもなく単なる紀行文でもない。著者の観察と実感に基づく記述は、その根底に「生活」への確かな目があって好感が持てる。当時の日本や戦争を知らない世代の人間が、概念だけに拠ることなく率直に思い描こうとするならばこうなるだろう、という一つの例が、本書の記述の方法ではないかと思う。

あとがきに次の言葉がある。「一人の人間が、何かを愛するがゆえに、何かを言わないかもしれないということ」。著者が取材の過程で得た実感の一つがそれだ。「日本軍の悪事を知りつつ日本を思慕する人もいた」。心理の矛盾を、正直に捉えようとする記述が心に触れてくる。

デレベエシール（パラオの日本語歌謡）をめぐる箇所が興味深い。これは、統治時代に端を発した、何らかの日本語が交じっている歌を指す。私自身、台湾に行ったとき、統治時代に教えられたという「桃太郎」の歌を年輩者から聞かされ衝撃を受けたことがある。だが著者は歌に関して、なにものにも囚われないひろやかな考え方をしている。「意味づけを超えたところで愛着は勝手に生まれるものでもある」と。著者の姿勢に魅力を感じる。

『あのころのパラオをさがして――日本統治下の南洋を生きた人々』寺尾紗穂、集英社
（『朝日新聞』二〇一七年九月一〇日）

蟹や羊の伝承がいざなう遠い旅

生きている間に出会う人間が限られているのと同様、接する機会のある人間以外の生き物もまた限られている。これに気づくとき、自然だけが、人間に自然の前で頭を垂れることを教えられるのだと気づく。

『動物奇譚集』の著者クラウディオス・アイリアノスは、一七〇年頃、ローマの東、プラエネステ（現パレストリーナ）生まれ。解放奴隷だったらしいこと以外、伝記的な事柄はほとんど伝わっていない。とはいえ、生き物をめぐる多彩な逸話から成る『動物奇譚集』が、こうして現代の日本語で読めることは、それ自体が静かな驚異に他ならず、その中身こそ著者の姿だと受け取りたい。

原典は一七巻。本訳書はそれを二分冊にして収録。実在の生き物から架空の存在まで、ごく短い言葉でまとめられた観察や伝承の類だが、目次の言葉を眺めるだけでも想像を掻き立てられ、飽きない。

「銀杏蟹《イチョウガニ》の音楽漁」。この蟹は横笛の一種によって捕獲される。「銀杏蟹が巣穴に潜りこんでいるところを、漁師が演奏を始める。相手はそれを聞いて、何か呪文に誘われるように室から出て来て、楽しさに釣られて海から上がりさえする」。そこを捕まえる。

またたとえば「春分・秋分を知る雄羊」の項も印象深い。全文を引こう。「聞けば雄羊は冬の六カ月の間、眠りに取り籠められた時には、左脇を下にして横になり眠るが、春分の日以後は右脇を下にして、反対の姿勢で休むとのこと。してみると、雄羊は彼岸の中日ごとに寝方を変えるわけだ」。それでどうなのか、という続きのないところが、こうした伝承の面白さだ。

ギリシア古典の翻訳書だけれど、研究者だけが近づけるかたちではなく、一般読者にも開かれた体裁の書物となっている点がよい。古代の博物学的視点には思いがけないほどの奥行きと豊かさがあって、頭は遠い旅へ誘われる。真夏の読書にぴったりだ。


『動物奇譚集1・2』アイリアノス、中務哲郎訳、京都大学学術出版会

（『朝日新聞』二〇一七年七月三〇日）

恋愛？ 友情？ 友愛？　いいえ…

世の中には恋愛や友情や友愛といった言葉があって、誰でも使うことができる。けれど、人と人との関係をじっと見つめるなら、どれも恐ろしいほどに唯一のものであり、本来的には名付けることなどできはしないのだと気づく。

松浦理英子のこの小説に出てくる少女たち、玉藻学園高等部二年四組のクラスメイト〈わたしたち〉は、三人から成る〈ファミリー〉を設定する。疑似家族。その様子を日々眺めて慈しむ。日夏はパパ、真汐はママ、空穂は王子様（子ども）だ。各自が現実に抱える、家族との摩擦や葛藤、苦痛と傷。見えない将来をぼんやりと思い描きながら、少女たちは目の前に展開する現在を抱きしめ、自分なりの方法で愛する。

「日夏は触り方がうまいというか触れられた者が気持ちよくなる触り方をすることは、わたしたちも身をもって知っている」。少女たちの身体的接触に、これほど優雅で安らかなかたちを与えられる作者は他にいないだろう。三人の関係も生き物のように変化する。真汐の胸に、疎外感がひろがる。日夏がいなくなる日を想像し、真汐は「心を鍛える」ことを決意する。「やがてはわたしの心は何があっても壊れないほど強く鍛えられるだろう」。危ういバランスや外側からは気づかれることのない心情の変化が、じつに繊細に捉えられ、描かれる。

少女たちは卒業後の離別を予感している。それでも、儚いからこそ強いといえるほどの関係が、ここには確かにある。空穂の母・伊都子さんが娘と日夏の関係を非難し、事態は大きく変化するのだが、騒ぎの中にあっても少女たちはどこかクールだ。混乱と困難を淡々と受け止めて溶かしてしまうようだ。全体が〈わたしたち〉によって集められた情報やエピソードから成る、という姿を持つ小説。名付けることのできない関係は、名付けないまま生きればいいと、この小説の姿は強く告げている。

『最愛の子ども』松浦理英子、文藝春秋
（『朝日新聞』二〇一七年六月一八日）

生の痕跡から掘り起こす記憶

現代アメリカ文学の重要な作家ポール・オースターによる回想録的作品が二冊、続けて刊行された。『冬の日誌』は〈肉体と感覚〉をめぐる視点、『内面からの報告書』は〈精神〉をめぐる視点から描かれる。肉体と精神、といえば、デカルトの心身二元論以降さまざまなかたちで試みられてきた超克が想起されるが、著者はとりわけメルロ＝ポンティを強調する。「最終的に一番しっくり来たのはメルロ＝ポンティの現象学だった。具象化された自己をめぐる彼の洞察が、いまでも君には一番納得が行く」と。

身体を基底とし、身体から影響を受けて成り立つ精神、というイメージを探ったメルロ＝ポンティ。「君」という二人称が出てくるけれど、二冊とも、著者が自分に対し「君」と呼びかける手法で書かれている。子どものころの怪我の跡。身近な人との別れや死によって混乱した心の状態が、体に及ぼした影響の記憶。個人の生の道筋に残るいくつもの痕跡。それらが、地層のように掘り出され、丹念に描かれていく。

五歳の少年が感じた性的な目覚めの記憶。子どもたちの野球に参加した母が、三振に終わるだろうとの予想を裏切り、レフトのはるか頭上を越えるホームランを打ったこと。

パリで出会った娼婦がベッドでボードレールの詩を暗唱して聞かせたときの驚きと幸福感。魚の骨が喉に引っかかり、ありとあらゆる大きさと形のピンセットを揃えた医師の手でやっと抜いてもらったこと。不調の時期のある日、ダンスを観ているうちに何かが「開きはじめ」、翌日、遠ざかっていた執筆を再開できたこと。身体の記憶が言葉と出会って、次々と、世界への視点を切り拓いていく。

精神の遍歴を探る『内面からの報告書』では、『宝島』の著者・スティーヴンソンが書いた詩の本を読んで感動した幼い日の記憶が綴られる。「あのとき君は、文学を創る営みの隠れた歯車を、人が自分以外の心の中に跳び込むことを可能にする神秘のプロセスを、初めて垣間見たのだと」。ユダヤ人であることを自覚した経験や、子どものころに観た映画のこと、元妻リディア・デイヴィス宛てに昔書いた手紙の抜粋とコメント、さらに写真や図版なども含め、四つの章から成る。

著者はかつて、ラジオ番組の聴取者から体験談を集めて『ナショナル・ストーリー・プロジェクト』を作った。断片を集めた先にどんな展望が開けるか。粘りのある視点は、自己の記憶を掘り起こし記述する試みにおいても類い稀なる力を発揮している。

『冬の日誌』『内面からの報告書』ポール・オースター、柴田元幸訳、新潮社
（『朝日新聞』二〇一七年四月三〇日）

子どもの本へのまなざし

昨年創刊六〇周年を迎えた月刊絵本「こどものとも」（福音館書店）は名作を送り出してきた。茂田井武画の『セロひきのゴーシュ』や瀬田貞二訳『三びきのやぎのがらがらどん』、赤羽末吉画の『かさじぞう』、なかがわりえこ・おおむらゆりこの『ぐりとぐら』、加古里子の『だるまちゃんとてんぐちゃん』など、いまも大切にされている。

本書は「こどものとも」を創刊した編集者・松居直《ただし》の仕事を多角的に紹介する好著。「なぜ子どもが事実ではない世界に入っていって真実を感じ、そして、もう飽きることなく繰り返し繰り返し読むのかということを皆さんもご自身で考えてみていただきたいのです」という松居直の言葉は、大人の読書も照らす。絵を「見る」のではなく「読む」ものと捉える発言には経験に基づく発見がある。世代を問わず楽しめる『万里の長城』についてのインタビューも愉快だ。松居直の情熱を伝える藤本朝巳《ともみ》の思いの深さも伝わる。

『松居直と絵本づくり』藤本朝巳、教文館
（『朝日新聞』二〇一七年三月二六日）

オオタカと自然の教え

すばらしいノンフィクション作品だ。著者のヘレン・マクドナルドはケンブリッジ大学で科学史・科学哲学を学んだ女性。父の死によって精神的な危機に直面し、ある日、思い立ってオオタカを飼う。少しずつ慣れていくオオタカと著者の距離感。古くからの伝統を持つ鷹狩りに挑む日々。

イギリスの作家T・H・ホワイトの『オオタカ』の記述が随所に織り込まれ、本書に奥行きを与えている。著者はそれを批評的に読む。ホワイトの人生に困難と孤独をもたらした子供時代の虐待、サディスティックな性質や同性愛。著者は『オオタカ』を読み直しつつ、鷹狩りの経験を重ねながら、自分自身が変わっていくことを感じる。

「たとえ想像のなかであれ、人間でないとはどういうことかをひとたび知ることができれば、そのことによって、人はより人間らしくなれるのだということを学んだ」。自然の摂理や命と死に対する、じつに深い洞察に満ちた書だ。

『オはオオタカのオ』ヘレン・マクドナルド、山川純子訳、白水社

(『朝日新聞』二〇一六年一一月二七日)

間柄示す、彩り豊かな言葉の橋

マティスもルオーも画家なのだから、後世の受け手はまずは作品だけ観ていればよい、とも言える。けれど、この書簡集に触れた結果、少なくとも私にとっては、それぞれの絵を思い浮かべるときの歓びはさらに増したと打ち明けたい。本書に収められた書簡は、一八九五年の出会いから一九五三年南仏での最後の会見までの、半世紀以上にわたる交流をたどる。

二人はパリ国立美術学校のギュスターヴ・モロー教室で出会う。それぞれ絵画表現は異なるが、出発点には、教室での経験の共有があった。恩師モローに対する敬愛の念も、晩年まで分かち合う。モローは方法を押しつけず、学生たちが自分自身を発見するように促したという。その自由な気風が、集う人々の可能性を開花させたのだろう。

四一年、マティスが病を患い手術を受けた後、書簡の往復は増える。その時期のルオーの手紙にも、若い日の思い出はつづられる。「ここでは歯に衣着せずに本当のことを話そう。モロー先生と出会うまで、僕は痩せこけて黙りこくった一匹の狼だった」。ルオーの手紙には、その画風からはにわかに想像できないような笑い声が宿る。

別の日の、マティスの手紙には、ルオーのある絵の保管にまつわる話題が登場。「他人には指一本触れさせないよう大切にしまってあり、見るのは僕一人のはずなのに、どうしたことだろう、これまで何人もの人からこの絵の話を聞いた」。文字から伝わる声に、どきどきさせられる。

画商との駆け引き、贋作騒動、家族のこと、二人が晩年に見いだした「聖なる芸術」というテーマ。それほど親しい間柄だったと思われていなかった画家たちの間に、こんなにも彩り豊かな言葉の橋が架けられていたとは驚きだ。時期によって手紙の往復には濃淡がある。文字にされることはほんの一部分。書き切れないところがいい。それこそ書簡の魅力なのだから。

『マティスとルオー　友情の手紙』アンリ・マティス、ジョルジュ・ルオー、ジャクリーヌ・マンク、後藤新治訳、みすず書房

（『朝日新聞』二〇一七年二月二六日）

人間の不可解さを直視する文学

この小説は、第二次世界大戦から七年後のニューヨークを舞台に始まる。戦前にヒトラーとナチズムの迫害を逃れて故郷ポーランドからアメリカへ渡った作家アーロン・グレイディンガーと、ユダヤ難民として生きる人々の錯綜した関係が描かれる。

「メシュガー」とはユダヤ人固有の言語・イディッシュで「正気を失った」等を意味する単語。何を信頼し、どこに足場を求めればよいのかわからない世界の姿を、著者は見つめる。人間にとって人間の不可解さほど愛すべき対象はない、という視点を突きつける。

ユダヤ人とユダヤ教に独特の習俗や表現が出てくるが、それらがなじみのない印象を与えるというよりはむしろ、人間の普遍に届く視点が全体を包んでいて、感動をもたらす。

グレイディンガーが出会う人物の一人にミリアムがいる。文学を深く理解する二〇代の女性。生き延びるために娼婦をしていたこともあるミリアムを、グレイディンガーは拒絶しない。「何があっても私が衝撃を受けるなんてことはもうありえない。（中略）あなたは作家かもしれない、作家ね、でも人類にどんなことができるかについては、私の方があなたよりよく知っているわ」。

少しずつ明かされるミリアムの過去。強制収容所での最悪の所業。それでも、ヒトラーの犠牲者を裁くことなどできはしない、とグレイディンガーは懊悩しながらも受け止める。それが生きる道だからだ。

「文学はこうあるべきだ、できごとが目白押しで、決まり文句や感傷的な物思いなどは入り込む余地がない」。グレイディンガーの思考は、著者の考え方を反映している。心理の描出は抑えられている。行為、行動、対話の累積がこの小説のすべてを形作る。自分の心に正直に生きようとする人物たち。苦悩と歓喜を描き切り、人間の姿を直視する、アイザック・B・シンガー晩年の到達点だ。

『メシュガー』アイザック・B・シンガー、大崎ふみ子訳、吉夏社

(『朝日新聞』二〇一七年二月一二日)

魂の交わりと作品への冷徹な目

現代の最もすぐれた詩人の一人である高橋睦郎がついに、三島由紀夫との交流を一冊にまとめた。文章の他に、講演や対談も収録され、読み応えがある。

第二詩集『薔薇の木　にせの恋人たち』刊行後、三島から電話を受けたことをきっかけに交流が始まる。三島は詩集『眠りと犯しと落下と』に跋文を寄せる。ときに三島三九歳、著者二七歳。その晩年のおよそ六年間、身近に接する機会を持った著者にとって三島こそは人生で出会った「最重要の他者」となる。

一九七〇年一一月二五日の衝撃的な自死事件の二カ月前、著者は銀座の割烹・第二浜作へ呼び出される。そこには三島、そしてともに死ぬことになる森田必勝《まさかつ》がいた。杯を重ね、二人ともすでに酔っている。

「森田はある価値のある男だと思う。そんな森田を誰かに記憶してもらいたいと、ずいぶん考えたが高橋以外にはいないようだ」という意味深な三島の言葉。うながされて森田が語った生い立ちや来歴を、酔いのせいもあって、著者は全く覚えていないという。このときの印象を、少しずつ言葉を変えて著者は繰り返し記す。何度書いても、何度語っても、表し切れない場面なのだろう。

その死から現在に至るまで、著者は三島と作品について考え続けてきた。敬愛や心酔で言葉の目が曇るところはない。著者の文章は必ず、対象への醒めた距離感、冷徹な目を、ごく自然な姿勢として保つ。

三島に詩人の傾向を見て取り、「いわゆる詩というかたちにおいてではなく、散文というかたちではじめて発揚する詩性の持主だったのではないか」と論じる。何を書いても「全部黄金になってしまう」美文の文体。晩年の三島はもっと違う散文を欲していた、と見抜く。「基本的にこの人は国体のために死んだのではなくて、肉体のために死んだと僕は思うのです」。強烈な魂の交わり、その極限に、容赦なく迫る書だ。

『在りし、在らまほしかりし三島由紀夫』高橋睦郎、平凡社
(『朝日新聞』二〇一七年一月二九日)

〈自由〉の鍵

　最近、漢詩が年輩者を中心にひそかなブームになっていると知って驚いた。そう来たか、と思った。きっちり、かたちの決まっている詩だから、規則を覚えなければならない。それでも、時間も空間も飛び越えて中国の昔の詩に興味をもつ人が、以前よりも多少、増えているらしい。言葉には、なにが起きるか、わからないものだ。

　一生のうちに、ぜひ一冊でも詩集を作りたい。そんな願いを抱く人は少なくない。けれど、それはもちろん、自由詩とは限らない。歌集、句集、あるいは漢詩集かもしれない。

　複雑化したという意味において、否定的な視線にさらされがちなところのある現代詩。散文作品であっても、著者がそれを詩集と呼べば詩集として存在できる状況でもある。自由詩は〈自由〉なだけに、周囲のさまざまな領域にふれることができる。一方で〈自由〉がもたらす困惑もある。とはいえ、現状を解く鍵は、必ずあるはずだ。ずっと探している。

そんな中、これはいえそうだと思うひとつの感触がある。それは、言葉が複雑だからだめで平易だからいい、とは限らないし、逆もまた然りだ、ということだ。いうまでもなく、複雑でわかりにくくなれば、付き合ってくれる読者は限られてくる。わかりにくさは遠ざけられがちな世の中だから。

ところで、『山之口貘全集』(全四巻、思潮社)の刊行がはじまった。第一巻は詩を収録。感情も主張も、平明な言葉ではっきりと書かれた詩の数々。けれど「賑やかな生活である」という詩に次の行があって、あれ、とページをめくる手をとめた。「頭のむかうには晴天だと言つてやりたいほど無茶に　曇天のやうな郷愁がある」。一見わかりやすいようで、そんなに単純ではないのだ。

故郷の沖縄を離れ、苦しい生活を送りながら詩を書きつづけた作者。その世界には、鍵を探すという考え方もつかのま忘れさせる時間が流れている。なんだかうれしくなってくる。

(『毎日新聞』二〇一三年一〇月一五日東京夕刊)

人生の分岐点、自然な手つきで

だれの人生にも、いくつもの岐路がある。意識できる分岐点もあれば、気づかないうちにそれが訪れる場合もある。アリス・マンローは、そんな事柄の扱い方と描写に長けている。

読み進めるうちに、深くうなずかされる。予想できない展開、というのとは違う。むしろ、どういうわけか何も予想させはしないほど、この作家の小説は人生そのものに類似する。つまり、分岐点となる思いがけない出来事が、ほとんど自然な手つきに見える方法で仕組まれ、描かれる。この作家が、チェーホフの後継者と称される理由もわかるというものだ。

短編小説集である本書の中でとりわけ注目されるのは、一人の女性の人生を追いかける連作「チャンス」「すぐに」「沈黙」だ。

主人公はジュリエット。ギリシャ語やラテン語、古典を学ぶ大学院生だ。故郷の町は、女性が学問をすることへの理解があまりない環境。ある日、長距離列車で、乗りあわせた男に話しかけられる。ジュリエットは、読書をしたかった。古代ギリシャ人に関する本に夢中だった。それで相手を冷たくあしらう。ほどなく男は命を落とし、ジュリエットは平静さを失う。同じ列車にいた漁師と語り合ううちに心をひかれ、やがて彼のもとを訪ね、ともに暮らすことになる。

時は流れ、漁師のエリックとの間に生まれた娘のペネロペは二〇歳になる。ジュリエットのもとから離れて何かの「修行」の生活に入る。いまではキャスターとしての経歴を持つジュリエットは、娘を呼び戻したい。だが、娘は会おうとしない。「ペネロペはわたしに用がないのよ」。

出来事の受けとめ方や、判断、決定。その理由は後からいくらでも述べられる、とは作者は書かない。理由とは、簡単には見つけ出せない性質のものであることもまた熟知しているからだろう。アリス・マンローの作品を、信頼できる根拠がそこにあるのだ。

『ジュリエット』アリス・マンロー、小竹由美子訳、新潮社

(『朝日新聞』二〇一七年一月八日)

弾圧された人々の傷ひとつずつ

民主化宣言から三〇年が経過しようとしている韓国は、大統領退任を求める動きに揺れている。一九六三年から九三年まで軍人出身の大統領が続く中、反独裁・民主化要求の運動は繰り返され、学生を含む市民が死傷した。その記憶はいまも生々しく、後続の世代に受け継がれている。

『少年が来る』の著者ハン・ガンは七〇年光州生まれ。この小説は、全羅南道の道庁所在地だった光州で八〇年五月一八日に起こった光州事件を扱う。発端は全斗煥のクーデター。事件の数カ月前にソウルに移り住んだ著者にとって、子供のときに生じたこの出来事がいかに深い傷と衝撃に満ちた主題かということは、この小説そのものが語る。作家には、いつか書こう、と思うテーマがある。本書はそうした意気込みと緊張感を確実に伝える。

市民に対する弾圧が描かれる。表現の容赦のなさは、現実に人々に加えられた容赦のなさに対する想像力の延長にあるものといえる。戒厳軍の銃撃、拷問、死。読んでいてつらい。

けれど、いうまでもなく、幸せや口当たりのよい言葉だけを語るのが小説ではないことは、小説の歴史を見ればわかる事実だ。抑圧された声や理不尽に抹殺された声に重なり、言葉による新たな視点の構築を試みる方向も、小説という言語表現に備わる性格と機能だ。ハン・ガンは、まだ子供だった頃に身のうちに打ちこまれた出来事と向き合い、小説という方法と一体となり、書き進めた。ここには書き手としての誠実さがあると思う。

「あなたが死んだ後、葬式ができず、／私の生が葬式になりました」。政治的な出来事をめぐって、文学の立場が告発よりは鎮魂を選ぶとして、それはいかにして可能となるのか。統計的な数の次元ではなく、個人の声を拾い上げていくことだけが、その方法となるだろう。この小説は割り切れない怒りと悲しみを凝視することをやめない。

『少年が来る　新しい韓国の文学15』ハン・ガン、井出俊作訳、クオン
（『朝日新聞』二〇一六年一二月一一日）

音楽への愛情伝える、展開の妙

舞台は芳ケ江国際ピアノコンクール。三年ごとに開催され、六回目を迎えるこのコンクールは、優勝者が世界屈指のSコンクールでも優勝した実績があり、近年評価が高い。コンテスタント（演奏者）や審査員たちだけでなく、調律師やテレビの取材者など、さまざまな人間の生き方、考え方が交錯し、白熱する。

顔触れは華やか。ジュリアード音楽院の学生で一九歳のマサル。天才と呼ばれたが、母の死後ピアノから遠ざかっていた二〇歳の栄伝《えいでん》亜夜。楽器店に勤める二八歳の高島明石《あかし》。ことに人々の注目を集める少年、一六歳の風間塵《じん》は、音楽教育をほぼ受けたことがない。ピアノも持っていない。養蜂を仕事とする親と移動生活をしている。えっ、養蜂？　けれど、突拍子もない設定では、という疑問が入りこむ隙を与えないストーリーの運び方はさすが恩田陸だ。

塵は、いまはなき音楽家のホフマンから「ギフト」と称され、推薦された注目の若手。その推薦状が面白い。「甘い恩寵」ではなく「劇薬」とも呼ばれるのだ。「彼を嫌悪し、憎悪し、拒絶する者もいるだろう」と。第一次、二次、三次、本選。二週間にわたるコンクールだ。曲はバッハの平均律に始まり、モーツァルト、リスト、ショパン、ブラームス、バルトーク、プロコフィエフなど。

手に汗握る審査発表、歓喜と落胆。だが、このコンクールに塵がもたらすものは、もっとスケールの大きな、音楽に対する愛情だ。「狭いところに閉じこめられている音楽を広いところに連れ出す」という塵の言葉は本作の要といえる。

演奏者の心を他の演奏者の音楽が揺さぶり、感動が音楽への新たな感情を生む。希望という方向へストーリーが素直に整っていくという意味では、青春小説と呼ぶこともできるだろう。二段組みで五〇〇ページ以上あるが、先へ先へと読める。著者のストーリーテラーとしての実力が見事に示された長編だ。

『蜜蜂と遠雷』恩田陸、幻冬社

（『朝日新聞』二〇一六年一一月一三日）

風変わりな漢文ににじむ人生

松岡小鶴《こつる》は、柳田国男の祖母にあたる人物だ。その漢詩や書簡を現代語訳し、生涯とともに紹介する内容としては初の試みとなる本書。編著者の門玲子は、女性史研究家として長年、とくに江戸期の女性による文学を読み続けてきた。

そんな中、愛知県西尾市の岩瀬文庫が所蔵する『小鶴女史詩稿』と出会う。関心を持った理由の一つは、女性が書いたものとしては珍しく全編漢文で書かれていることだという。

小鶴は文化三（一八〇六）年、播磨国神東郡田原村辻川の生まれ。同地で明治六（一八七三）年に没している。父の跡を継いで医業に従事しながら一人息子の文（のち操）を育てる。柳田国男は、小鶴の死後二年して生まれたので、祖母と直接会ってはいない。だが、祖母と親交のあった庄屋・三木通深（竹臺）の蔵書を、まだ子どものうちに自由に読む機会を与えられるなど、祖母の代の名残に触れて育った。本書は竹臺に宛てた書簡も含む。柳田国男が生を享ける以前の環境を想像できる。

女性に開かれた学びの場はまだ少なかった時代。小鶴は、父が自宅の塾で塾生たちに教える学問に聴き入り、家の蔵書を読んで自習した。結果、身についたものは、少し風変わりな漢文。息子が儒者となることに期待を掛けながらなおも消えなかったのは、自分も学びたかったという思い。その残念さの滲み方が正直な点に、小鶴の書き物の魅力がある、ともいえる。

学問のために家を離れて暮らす息子に宛てた詩や書簡が人柄を伝える。たとえば橘（みかんの類）の詩。「言ってはいけないよ。酸っぱくて口にすることができないなんて／この橘には、母の真心の香が添えてあるのだから（道《い》う莫《なか》れ酸を生じ口にす可からずと／添え来る阿母赤心の香）」。子にとっては、ありがたくも鬱陶しい来信だったかもしれない。小鶴の人生が行間から見えてくる。控えめに、けれども明確に。

『幕末の女医、松岡小鶴１８０６－７３——柳田国男の祖母の生涯とその作品』
門玲子編著、藤原書店

（『朝日新聞』二〇一六年一〇月二三日）

祝詞から憲法までの言葉の姿

　思考と文体は相互に影響し合う。リテラシー（読み書き能力）は時代とともに変化する。日本語はどのように変遷してきたのか。本書は、古代から現代までのさまざまな「文体のサンプル」と考察から成るアンソロジーだ。祝詞《のりと》、漢詩文、仏典、キリスト教典、琉球語やアイヌ語の作品、いろはうたや五十音図、音韻と表記の考察、シェークスピアの訳、大日本帝国憲法や日本国憲法など、政治をめぐる言葉の例もある。

　たとえば祝詞は「六月《みなづき》の晦《みそか》の大祓《おおはらえ》」が取り上げられている。編者による現代語訳の前に原文の書き下し文が置かれる。原文の感じも味わえるようにという工夫だ。その直後、大野晋の編著による『古典基礎語辞典』が紹介されている。「なる【成る・生る】」「こと【言・事】」「もの【物・者】」など、気になる項目の抜粋が並ぶ。

　漢詩文の章では、菅原道真、一休宗純、良寛の他に、英語英文学と漢詩文との間で葛藤した夏目漱石の漢詩が収録されている。幕末明治期のベストセラーである頼山陽『日本外史』も「壇浦の戦」の箇所など、ごく一部分だが収められている。武家の興亡を描くこの書物が、訓読体の音声の調子を伝える例ともなっている。

聖書の「マタイによる福音書」第二六章が、文語訳、口語訳、新共同訳など五種の訳で示され、さらに「ケセン語訳」が置かれる。岩手県・気仙沼あたりの方言。シェークスピアの「ハムレット」は、六人の訳が並ぶが、そこには差異と驚きがある。時代とともに移り変わる言葉の姿を眺めようとする本書の方針が見て取れる。

八八八六の音韻による琉歌や、樺太アイヌの記録なども収録。広い視野から眺め渡された日本語の多様な状態だ。小松英雄のいろはうたの考察、松岡正剛による「馬渕和夫『五十音図の話』について」、高島俊男「新村出《しんむらいずる》の痛憤」など、音韻と表記をめぐる論考も、日本語の現状と今後を考える上で興味深い例だ。永川玲二「意味とひびき——日本語の表現力について」や中井久夫「私の日本語雑記」なども、示唆に富む。

漢文訓読体の大日本帝国憲法の後に、高橋源一郎訳「終戦の詔書」が置かれる。言葉の意味とニュアンスの前で、考えさせられる。ふだん、言葉を読むとき、私たちは言葉のどこを見ているのだろうか。近代国家体制が作り出した「国語」は便利。だが切り捨ててきたものも少なくない。本書は、そんなことを考えることが可能な現在ではないか、と力強く問い掛ける、前代未聞のアンソロジーだ。

『日本語のために　日本文学全集30』池澤夏樹編、河出書房新社

（『朝日新聞』二〇一六年一〇月二日）

俳人が語る戦争体験

九七歳になる俳人の金子兜太が、戦争体験を軸に据え、これまでの人生と俳句を語る。海軍に属して南方第一線を希望し、旧南洋諸島のトラック島に配属された若い日。その戦場は「郷土の期待」「祖国のために」などのスローガンや「美学」からはかけ離れた悲惨さに満ちていた。

終戦、捕虜生活を経ての帰還。社会や集団の決定や空気に、人間はいかにしてのみこまれていくのか、発言はどのように抑えこまれていくのか。観念や概念ではない、微妙な部分に関する実感が、言葉にされている点に注目したい。いま、この率直な語りは貴重だ。

一茶が使った「荒凡夫《あらぼんぷ》」という言葉を自然児・自由人と捉えて共鳴し、アニミズムに通じる「生き物感覚」を重視する著者は、土の上に生きることと俳句を結びつける。たとえば「おおかみに螢が一つ付いていた」という句の背景には「原郷」としての故郷・秩父がある。命を見つめる、骨太な声だ。

『あの夏、兵士だった私——96歳、戦争体験者からの警鐘』金子兜太、清流出版
（『朝日新聞』二〇一六年九月一八日）

鮎川信夫の詩と批評を見つめる

戦後、詩の雑誌「荒地」の中心メンバーとなり、詩と批評の執筆に力を注ぎ、現代詩の歩みに大きな影響を与えた詩人・鮎川信夫。今年は没後三〇年だ。

本書は、その詩と背景に踏みこむ労作。著者は編集者として晩年の鮎川に接した経験を持つ。そこから発する視点と、作品や資料から汲み上げられた考察が絡み合い、従来にない鮎川論が生まれた。

鮎川は一九四一年秋の時点で日本帝国の滅亡を確信し、日記に記す。その後軍隊に入営。戦地へ行くが、病を得た結果、生き延びた。その思考と思索は「囲繞地《いにょうち》」「橋上の人」や『戦中手記』、斬新な詩論の数々として結実する。

著者は、鮎川の在り方に「個に内在する普遍を探る態度」を見る。鮎川は自らの体験と〈他者〉や〈歴史〉を架橋しようとするが、その難路こそこの詩人にとっての〈詩〉だったという指摘は重く響く。いまこそ読まれ直すべきこの詩人への入り口となる書だ。

『鮎川信夫、橋上の詩学』樋口良澄、思潮社

（『朝日新聞』二〇一六年八月二八日）

虚実の間、捉える言葉を探る

言葉で表された詩が「わかる・わからない」という判断と対面させられる場合、それは主に、意味や文脈においてのことだ。「わからない」と感じるとき、判断の足場は、たとえば制度として習う日本語が持つ「仮定された正しさ」や、社会が営まれる上で不可欠な「散文」にある。そして往々にして「わかる」印象を与える詩は、たとえ行分けされた詩でも、書き方として「散文」寄りの姿を持つ。飛躍があっても文脈が辿れるなら安堵につながる。それが「散文」の行き方だ。

吉増剛造の詩は「散文」への対抗を極限まで推し進める場に生成する。ボーカル（朗読）や映像など、さまざまな面を見せるその詩は、要素を語ってもまるで全体像には届かない、多層的で流動的なものだ。

読むだけでも、見るだけでも、聴くだけでもない。その詩と接する唯一の方法は、こちらの、生きる時間をつかのま重ねることだ。という説明（散文）などは、目の大きな網と同じ。それでは捕まえられないものが、絶えず通過する。いろいろな方向から。

震災以後に書かれた『怪物君』は、吉本隆明の詩を模写したり表記を変更したりする方法が試みられる箇所や、メモやドローイング（インクや木炭を使用）が重なる部分を含みこんで成る詩集。読点の連打、漢字、ひらがな、カタカナ、アルファベットにハングルが加わり、紙の空白が強調される。声が、言葉になろうとして胸を掻きむしるような瞬間。ヒトがいつからか言葉を使うようになったことを思い出す瞬間の刻印だ。

『心に刺青をするように』は「機」誌の全八〇回の連載をまとめた作品。国内外のさまざまな土地や人や書物が、独特の文体の中で、独自の出会いを紡いでいく。言葉に、多重露光の写真が配され、線状ではない時間・空間の把握が暗示される。

柳田国男にちなんで、宝貝を携える著者。「耳を澄ますと貝の音楽が聞こえてくる。柳田さんの心中の音までも、……」。ベケットやキーツやイバン・イリイチやダ・ヴィンチの肖像に宝貝を置いて、写真に撮る。どこかのどかなカピバラの写真もある。最終回に「虚実の皮膜の、皮膜それ自体の層の深さ、淵の深さに、とうとうそれに、気がついた」という言葉がある。その感じ方こそ、まさに吉増剛造の詩だと思う。「わかる・わからない」の次元を超えて、感じ取るとき、ヒトは詩そのものである瞬間がある。文字に聴き、声を見る。言葉との原初的な関係の探求がここにある。

『怪物君』吉増剛造、みすず書房、『心に刺青をするように』吉増剛造、藤原書店

（『朝日新聞』二〇一六年九月四日）

絵本のこと

気づいても気づかなくても、今年も秋の読書週間がめぐってきた。文字だけではない本、絵本について、書いてみたい。

私にとって絵本とは、共同作業の場だ。担当するのは言葉の部分。絵は、画家の領域。絵が先にあり、それを見て言葉を書く、という順序で進んだ絵本もあった。たとえば、ささめやゆきさんとの『イワンのむすこ』（ハモニカブックス）。タイトルも含めて、ある程度、方向が決まっている世界を物語にしていった。イワン、と名づけられた男の生涯をたどる物語。すでにある要素をくみとって展開する方法の難しさと楽しさを、同時に感じることになった貴重な体験だった。

この秋は、牧野千穂さんとの絵本『ゆきがふる』（ブロンズ新社）ができた。

先に言葉を私が書き、それを読んで牧野さんが絵を描くという順序で、かたちになっていった。物語を書いてから本ができるまで、およそ二年。牧野さんの絵は、パステルで描かれる。ラフが決まってから、色を入れていく。

ラフの段階で、牧野さんから訊ねられた。「ふわふわころりって、どんなものをイメージしているんですか」と。スケッチブックを見せてもらう。いろいろなすがたの生きものが描かれていた。丸いものがころころと、いくつも。あるいは、大きなものが、どんと一匹。牧野さんが言葉を通して思い描いたかたちでいい、と思った。私にとって、共同作業の場とはそういうものだ。言葉を書いた自分にとっても、思いがけないものを見たい。結局、大きな一匹の生きものになった。

雪の世界。それを、雪の日にだけ現れる生きものと出会う物語としてかたちにしたいと考えた。雪が降りつもる林を歩くときの、知らない場所へ吸いこまれていく感じ。たぐり寄せたいと思ったのはその感じだった。ある絵では、主人公が夜の部屋でそっと本を開いている。でも、本からは顔をあげて、外を気にしている。それが何の本なのか私は知らないままだ。

（『毎日新聞』二〇一三年一一月五日東京夕刊）

長崎の絵師が切り取る世界

江戸時代、幕府の鎖国政策のもとで唯一開かれていた長崎の出島。今年没後一五〇年のオランダ商館医・シーボルトは、さまざまな情報や文物を持ち帰り、ヨーロッパにおける日本研究の基礎を作った。

長崎の絵師・川原慶賀《かわはらけいが》は、シーボルトらの求めに応じて数多くの絵を描いた。人物、動植物、風景、行事や産業、人生儀礼など。記録的な絵だ。本書は、慶賀より二世代ほど年上の野口文龍による『長崎歳時記』の文章と、オランダ商館長・メイランの文章の現代語訳を、慶賀の絵と合わせるという構成をとる。思い切った作りだ。

精霊流しや阿蘭陀船出航の様子など、長崎らしさを湛えた絵に、思わず見入る。また、人の一生を儀礼の面から捉えた一連の絵はどこか懐かしい。慶賀の作品のほとんどは海外にあるが、時代を超えて多くを教えてくれる。絵に残る昔のことがとても新鮮。「シーボルトのカメラ」と称される理由がよくわかる。

『川原慶賀の「日本」画帳――シーボルトの絵師が描く歳時記』下妻みどり、弦書房
（『朝日新聞』二〇一六年八月二一日）

長靴をまだはかない猫

ヨーロッパの昔話といえばペローやグリムが思い浮かぶ。それらの成立に重要な影響を与えたのが一六世紀半ばにヴェネツィアで出版された『愉しき夜』だ。作者ストラパローラは、民間伝承の魅力と面白さに記述文学としての可能性を見いだした。ヨーロッパ最古の昔話集とも称される本書には、竜退治や動物婿や報恩の物語など、長い間語り伝えられてきたモチーフが詰まっている。

漁師に捕らえられたマグロが、逃がしてくれた恩を忘れずに漁師を助ける物語「あほうのピエトロ」。全身毛むくじゃらで山野に暮らす野人が登場する「グエッリーノと野人」。「猫」は、ペロー童話「長靴をはいた猫」の最古のかたちを示す。本書の段階ではまだ長靴をはいていない。

ストラパローラの昔話は、これまで日本では翻訳や紹介の機会がほとんどなかった。解説も丁寧。昔話とは、希望と失望と欲望を濃縮して出来た美酒だと、改めてわかる。

『愉しき夜――ヨーロッパ最古の昔話集』

ジョヴァン・フランチェスコ・ストラパローラ、長野徹訳、平凡社

（『朝日新聞』二〇一六年七月二四日）

悪意に操られる記憶と人格

記憶は、個人の同一性と結びつく。それなら、記憶が操作され、実際とは異なる記憶がはめこまれたら、人は別人格を生きることになるのか。本書は、悪意と暴力、記憶と人格が描出する見えない線への挑戦だ。

サスペンス的な展開の中、精神分析や洗脳の歴史が盛りこまれる。日本社会で現実に起きた連続幼女殺害事件の犯人の心理が分析される。記憶と人格と人生が入り乱れて「私」とは誰か、という問いと謎を読者へ突きつける。

冒頭、古びたコテージで「僕」は手記を読む。それを書いた人物は小塚亮大。職業は精神科医。治療を受けるために小塚のもとを訪れたゆかりという名の女性に、小塚は職業的な倫理を超えて接近する。

心身に過去に受けた暴力の傷を負うゆかりに対し、小塚はＥＣＴ（電気ショック療法）を施す。「僕はこの人生というもの、そのものに抵抗していたのだと思う。人はもっと静かに生きられると。たとえこの世界が残酷でも、僕達はやっていけるのだと」。

やがてゆかりは小塚から離れ、カフェを営む和久井の恋人となる。だが、和久井は小塚の敵ではなく、むしろ共謀関係が生じる。なぜなら、ゆかりをめぐる人間関係の背後には、さらなる悪が潜んでいるからだ。

吉見という精神科医の老人は、興味本位の悪意で人の心理を操作する。悪の側面だけを過度に強調した性格を描いて平面的にならないのは、幾重にも錯綜する要素によって、周到な手際でストーリーが構成されているからだ。悪意の連鎖と復讐劇が繰り広げられる。

これまでも著者はさまざまな悪意、心の闇を作品化してきた。言葉によってかたちにすることで、初めて対峙でき、ときには乗り越えられる、というように。現代、これは小説のもっとも大事な機能の一つだ。物事の直視は、混乱よりも冷静さをもたらすからだ。いま生まれるべくして生まれた、緊迫感溢れる傑作だ。

『私の消滅』中村文則、文藝春秋
（『朝日新聞』二〇一六年七月三一日）

歴史を意識した詩人の多面性

大岡信といえば、「折々のうた」を思い浮かべる人は多いだろう。古代から現代までの詩歌をめぐるコラム。朝日新聞の朝刊に、一九七九年から二〇〇七年まで、多少の休筆期間をおきながら連載された。その回数はじつに六七六二回に及ぶ。評釈の切り口の鋭さ、読み方の深さは、日本語による表現の豊かさを広く伝えるものとなった。

詩と批評を中心に据えた、大岡信の多面的な仕事。菅野昭正の編による『大岡信の詩と真実』は、その一端に迫る。詩人、俳人、批評家などによる五回の連続講座をもとに編まれている。

谷川俊太郎と三浦雅士の対談は、大岡と同時代を生きてきた二人の対話だけに、半世紀以上に及ぶ時間の中での展開が眺めわたされていて面白い。大岡が「歴史の中の一点」として自己を考える一方、谷川は「いま、ここの人」という認識をより強く持っているという。谷川の音楽への愛着と大岡の美術への関心という対比も見える。

これからの文学は、「たぶん可能性としては、詩という器の方が小説より大きくなっていくのではないか」という三浦の推論が興味深い。

吉増剛造による大岡信との対談の回想は、初期の詩「水底吹笛」や「地名論」にふれる。大岡の詩ではいつも「小さな空き地」に出会う感じがする、とその核心をまとめる。かつて編集者として大岡の全集を担当した高橋順子は、連詩の体験などを語り、大岡を『万葉集』の編纂者・大伴家持になぞらえる。

野村喜和夫は「わが夜のいきものたち」と「告知」の二編の詩を分析する。後者が前者を「ある意味で批判、批評している」と指摘。深層と表層の間に立ち上がる声を追い求めることが、大岡を継承し、乗り越えていくことだと整理する。

長谷川櫂は「折々のうた」を「勅撰和歌集に匹敵する現代の詩歌集」と位置づける。本書冒頭で、フランス文学との関係から書き起こし、大岡が『紀貫之』などの古典詩歌論へ向かった意義をいま一度強調するのは、編者の菅野昭正だ。

私にとっては、たとえば批評の傑作『うたげと孤心』を初めて読んだときの衝撃は大切な記憶だ。人が集い、詩を作ることと、個人にとっての詩。その相克と融合を論じる生気溢れる手法。とくに『梁塵秘抄』と後白河法皇についての論は、いま読んでも新鮮だ。いくつもの入り口を持つ大岡信の世界。入ったら出られないほど、奥は深い。

『大岡信の詩と真実』菅野昭正編、岩波書店

(『朝日新聞』二〇一六年七月一七日)

土地と言葉をめぐる上質な旅

現代日本語は、漢詩文を捨てることで出来てきた。齋藤希史《まれし》はいくつかの著書においてそう指摘してきた。漢字・漢詩文を核として展開する言葉の世界を「漢文脈」と呼び、それを知ることは、素養や文化遺産というより、現代日本語をより深く考え相対化する視点なのだという。著者が重ねてきたこの主張の重要性は、いくら強調しても足りないほどだ。

そんな著者による、漢詩の本だ。トポスという語の、二つの意味。「ある輪郭をもった特定の場所」と「定型として用いられることばの集積」が、詩歌の力と結びつけられる。洛陽・成都・金陵・洞庭・西湖・廬山《ろざん》・涼州・嶺南・江戸・長安。ある土地をめぐる詩が別の詩を呼び、積み重なって、主題を奏でる。

たとえば、洛陽。「李白にとって洛陽は人生の結び目のような街だった」。李白は、杜甫とともにここで出会う。人が集まる都市は、詩の集積地ともなった。

西湖について。杭州の知事として着任した白居易と、ともに官吏任用試験に受かった親友・元稹《げんしん》との交歓は、湖を取りまく情景の発見を浮かび上がらせて、興味深い。白居易の後、蘇軾《そしょく》が知事となる。西湖の治水を手掛け、詩を作る。

廬山もまた多くの詩人を魅了してきた土地。廬山をめぐって、陶淵明は他の詩人と異なる。「かれは登らない」のだ。詩「飲酒」の「悠然として南山を望む」の南山は、「あくまで自宅の南にある山」。つまり、廬山という語を使えば侵入するであろう神仙や仏教のイメージを、回避しているようにも見える、と著者は推測する。語の一つで、がらりと変わる世界。

江戸については、近世から明治への変化を眺める。永井荷風が敬慕した漢詩人・大沼枕山《ちんざん》や、明治前半の漢詩の流行と衰退のことなど。最後に長安の章を置く構成が面白い。あとがきも詩に深く触れていて何度も読みたい。どこまでも続く、上質な言葉の旅だ。


『詩のトポス——人と場所をむすぶ漢詩の力』齋藤希史、平凡社

(『朝日新聞』二〇一六年六月一八日)

未来の人類、揺らぎに共鳴

滅亡の危機に直面する、未来の人類。川上弘美が長編小説『大きな鳥にさらわれないよう』で描くのは、数を減らした人類の生態とそれを取り巻くシステムだ。ネズミやイルカなど、さまざまな生き物の細胞から、工場で人が作られる。「母」なる存在のもとに、クローン発生で生まれたものたちは「見守り」と呼ばれる。「観察者」として、人類の生死のシステムを見つめるものたちだ。滅亡を防ぐための方法が模索され、いくつもの異なる性質の集団が形成される。植物のように水と光で栄養を合成して生きる集団もいる。クローン技術と人工知能が発達し、いまとは「違う人類」が、別の仕方で、生まれては死ぬ。

科学的な観点の応用とそこからふくらむ想像によって紡がれるこの小説は、概念に陥りそうで、そうならない。具体的な細部が、日常の感覚にぴたりと添って記されるからだ。たとえば人口を司るシステムについての会話の直後に「今夜は、何をつくる?」と来る。食べること、生活。ささやかな営みをいつくしむ視点と文章からは、著者の美質がこぼれる。

また、たとえばクローン発生したエリという存在。「自分の、元の細胞を持っていたのは、どんな人間だったか」と、思いをめぐらせる。「何かの拍子に心が動くことがあるたびに、その問いにふれ、ころがし、揺れを楽しんだ」。これは遥かなものへの思いがさざめく瞬間なのだ。少し、さみしさに似ている。クローン人間ではない自分でも共鳴できる、生命としての揺らぎのようなもの。

エリの言葉。「にせだってなんだって、生き延びて、そして新しい人類になれば、それでいいよ」。種としての人類の未来を危ぶみながらも、この小説、作者が人類であることを楽しんでいることは間違いない。いつから人類？　いつまで人類？　そんなことも考える。言葉を持つ不思議についても、考える。

『大きな鳥にさらわれないよう』川上弘美、講談社
（『朝日新聞』二〇一六年五月二九日）

新たな〈発生〉うながす視点

藤井貞和は、独自の視点に立つこの文学源流史を描き出すにあたって、折口信夫の〈発生〉の考え方をこう解釈する。それは「繰り返し発生する動態」のことではないかと。源流は一つではない、という捉え方だ。「時代ごとに、さらには時代と時代とのあいだに源流があり、〈発生〉がわだかまるさまを、複数文化として把握したい」と。

時間の流れは、次のように分けられている。神話紀（縄文時代）・昔話紀（弥生時代）・フルコト紀（古墳時代）・物語紀（七、八世紀から一三、一四世紀）・ファンタジー紀（一四、一五世紀から現代）。学識にもとづく直感が、随所で大胆な動きを見せる。たとえば、昔話は、時代から時代への「危機において大量に発生する」という。戦争や混乱による時代の画期に、矛盾をそのまま取り込みながらも伝承される事柄や歌。弥生時代に昔話紀の源流がある。そう著者は考える。この発想の背後には、縄文から弥生への交代期のショックが伝承の発生をうながしたという推測があるのだ。

古伝承を基礎に出来た『古事記』を語った後、記述は琉球弧・沖縄諸島へ移る。歴史を語る史歌のこと。続いて、アイヌ文学に一章が割かれる。日本語にはないアイヌ語の特色が記され、はるか遠い時代からの共存／交争関係が想像される。

『源氏物語』に見られる多様な宗教観のこと。平安の物語文学と中世以降の物語とで異なる、〈完結〉性について。中世の歴史叙述に見られる、何かを著すことが何かを隠蔽する性質のこと。国学の発生、鎖国、本居宣長への批判。「在来文化の急速な否定と欧化」という点で、一六〜一七世紀と明治時代を相似形だとする視点。いくつもの源流を捉えようとする本書は、その在り方からして一本の線でまとめられることを拒む。

本書において物語学と詩学は重なる。いまそれが出来る書き手は著者だけだ。古代から中世、近世、現代へ。伝統的な音律、定型詩から自由詩へ。詩人である著者の関心は、口語自由詩の源流へ向かう。鎖状に続く鎖連歌は一二世紀後半に流行。「現代詩のルーツ」として、中国詩（漢詩）と欧米詩（明治期に受けた影響）とともに鎖連歌を考えたいという。近現代詩の、横へ横へと改行するかたちの源流に鎖連歌が浮上するという見解は、近年著者がたびたび主張する要点だ。山田美妙、左川ちかの翻訳詩に日本語の散文詩の始まりを見る意見やモダニズムの捉え方なども、現在の詩に直結する重要な観点。新たな〈発生〉をうながす視点を、惜しみなく語る本書は、日本文学の宝箱だ。

『日本文学源流史』藤井貞和、青土社
（『朝日新聞』二〇一六年四月二四日）

能楽の根源、乱舞の芸能

中世初期に流行した即興的な舞、乱舞。その中で、リズミカルな芸能として登場したのが、白拍子・乱拍子だ。これらは、いまでは滅びたが、現代に伝わる能の根源でもある〈翁〉の成り立ちに、深く関わっているという。即興舞が次第にある形を持った芸能へと展開していく過程を、著者は丹念に追いかける。

白拍子の最大の特徴は、それまでの催馬楽や今様などの歌謡が「歌ふ」といわれたのに対して、白拍子を歌うことは「かぞふ」といわれ、区別されたことだという。拍を数え、物事を数え上げるように並べていく。そんな「かぞふ」芸能が〈翁〉の生成に影響を与えたであろうことを、著者は、いまも各地に伝承される民俗芸能の〈翁〉に手掛かりを求めて論じる。核心に迫る筆致は感動的だ。

中世の乱舞の芸能が、いまに伝わる能楽に、どのように包含されているのか。専門的な事柄もわかりやすく描き出されていておもしろい。舞は時を超える。

『乱舞の中世――白拍子・乱拍子・猿楽』沖本幸子、吉川弘文館

(『朝日新聞』二〇一六年四月一七日)

「目的や価値の軸」創造する知

昨年六月に文部科学省が出した「国立大学法人等の組織及び業務全般の見直しについて」の通知は、各メディアによって「国が文系学部を廃止しようとしている」と報じられ、大きな波紋を広げた。著者は騒動を分析し、その背景にある「文系は役に立たない」という社会的通念に異を唱える。文系の知は「目的や価値の軸」を発見したり創造したりする性質を持ち、長期的には役に立つと強調する。コンピテンス（活用や処理の能力）を重視する教育が広がる一方で、その核となるべき知識・教養への関心が減退し、空洞化しているとの見方は、文系の価値の再考をうながす指摘といえるだろう。

「人生で三回、大学に入る」などのユニークな提言もある。大学が開かれたものとなり、人類に奉仕する普遍的な価値を創造する場であり続けるためには何をするべきなのか。理工系偏重の環境の中で、文系の有用性をどう説明すればよいのか。本書には、明るいヒントが詰まっている。

『「文系学部廃止」の衝撃』吉見俊哉、集英社

（『朝日新聞』二〇一六年三月二七日）

辞書と目薬の関係

日本で最初の本格的な和英辞書といえば『和英語林集成』だ。アメリカの宣教医、ジェームス・カーチス・ヘボンによって編纂され、一八六七年に刊行された。「ヘボン式」と呼ばれる、日本語のローマ字表記法を考案した人物としても知られる。ヘボンをめぐる展覧会がいま、横浜開港資料館で開催されている。近代に日本語がおかれた状況の一端にふれることができる興味深い展示だ。

医師であったヘボンの専門は、眼科。辞書の編纂を手伝った岸田吟香《ぎんこう》は、眼の治療を受けるためにヘボンのもとを訪れた。和学・漢学にも造詣が深かったため、やがてヘボンの仕事の手助けをするようになったという。目薬の処方も学び日本で最初の目薬「精錡水《せいきすい》」を作って販売するようにもなる。

その広告の絵が、なんだかおもしろい。岸田吟香自身が描かれているのだけれど、胴の部分が精錡水のビンになっている。辞書の編纂で疲れた目に目薬を一滴、ぽとり。これはいい、みんなにも。そんなことを考えたのだろうか。同じ絵で、岸田吟香は白い貝殻に入ったぬり薬を背負ってもいる。その名も、「百発百中膏《こう》」。効きそう。

　当時、アジアでもっともすぐれた印刷所だったのは、上海の美華書館。アメリカの長老派教会がもっていた印刷所。ヘボンは上海へ渡り、ここで『和英語林集成』を印刷した。岸田吟香もともに行った。横浜で販売された横浜版の他に、上海での完成組み版から型を起こして印刷し、ロンドンで発行されたという経緯が推測されるロンドン版なども、展示されている。

　海外へのみやげものや輸出品として人気があったという縮緬《ちりめん》本も、思わずじっと見てしまう。縮緬本とは、和紙を縮緬状に加工して、挿絵と外国語の文章を木版印刷した和とじ本。内容は、昔話や伝説が中心。展示されていたのは、ヘボンの英訳による『こぶとり』。仕事の一つ一つがヘボンの情熱と視線を伝える。遠い世界は、遠いまま、いまもきらっと魅力を放つ。

（『毎日新聞』二〇一三年一一月一二日東京夕刊）

生の断面鮮やか、奇想天外な物語

カレン・ラッセル『レモン畑の吸血鬼』は、一作ごとにまったく違う味わいの、八編の小説を収める。「お国のための糸繰《く》り」は、明治期の日本、製糸場と女工の労働への関心から発想されたという。一部、史実を下敷きにしているが、怪奇性も感じさせるファンタジックな作品だ。

製糸場に集められた女たちは〈蚕女工〉となる。蚕の化け物のような存在。その体から出てくる生糸が機械に巻き取られていくのだ。熱湯に手を入れると「すぐに指先の肌は柔らかくなり、皮膚がはじけ、そこからきめ細かい繊維がゆらゆらと立ちのぼる。わたしの静脈から緑色の糸がじかに出てくる」。労働とその環境の仕組みにまつわる問題が、著者の想像力によって未知のかたちに仕立て直され、語られる。〈蚕女工〉の奇抜さはずしりと響いて、読めば忘れがたい。

イラクの戦闘地域から戻った男と、マッサージの仕事をしているベヴァリーの交流を描く「帰還兵」は、心の傷を扱う。ザイガー軍曹は苦しんでいる。イラクにいたとき、不意に起きた爆発で、同じ小隊にいたマッケイが命を落とした。現場にいた軍曹はその記憶に深く取りつかれ、逃れられない。軍曹の背中全体にタトゥーが入っている。それは、爆発の日の景色だという。マッケイの記念碑を、肌に刻んだのだ。身体と記憶と景色が一体となり、傷となっている場に、ベヴァリーは直面する。他人の苦痛を引き受ける彼女は、自分の弱さとも向き合う。小説にできることとは何か、作品自体が考えているような作品だ。

血を吸う代わりにレモンにかじりつく吸血鬼夫婦を描く表題作や、馬に転生したアメリカ歴代大統領が登場する「任期終わりの厩《うまや》」なども、著者の筆力の幅を伝える。いま切り出されたばかりの生の断面、と呼びたい短編の数々。奇想天外。けれど、じつになまなましく、鮮やかだ。

『レモン畑の吸血鬼』カレン・ラッセル、松田青子訳、河出書房新社

（『朝日新聞』二〇一六年三月一三日）

文字か形象か、本質捉える挑戦

書は文字か、それとも形象だろうか。何という言葉が書かれているかを読もうとするならば、それは文学作品に通じる視点。一方、文字がどんな輪郭や線で構成されているかに着目するなら、それは視覚的な芸術として対する視点となる。「書作品の本質を十全に把握するためには、多面的な解釈によって、複数の方向から迫っていくしかない。全ての要素が一挙に思考に提供されるとは、考えにくい」と著者はいう。

「文字を書かない」書を追求した比田井南谷《ひだいなんこく》を嚆矢とする前衛書。欧米の抽象絵画をめぐる動きへの注目が、従来は自明のものとみなされていた「言語と書表現」の関係に自覚的な距離を生じさせた。そのあたりから、書作品が字なのか絵なのか、読めるのか、読まなくてもよいのかという問題が先鋭化する。

伝統や過去の蓄積を踏まえるだけでは成り立ちがたい現代の書。著者は、戦後の書を美術作品と同様の態度で扱う方法を採る。書家たちの理論と実作を紹介しながら、その葛藤、限界と可能性を考察する。とくに、東京大空襲を書の作品にし、その後現代文を書くことにも取り組み続けた井上有一については丹念に論じられている。

情報産業の進展によって圧倒的な平均化・均質化がもたらされている現代、書とはなんだろう。「書く」行為そのものがリアリティーを希薄化させつつある中、書の宿命は「芸術ジャンルとしての自己省察」にある、という。

本書の試みは、これまでほとんど誰も踏みこまなかった位置への挑戦だ。その視点の方法や姿勢は、他の分野にも有効な部分を持つ。たとえば、私自身が日ごろ身を置く詩の領域は常に「それは詩か散文か」といった問いにさらされている。線引きが容易ではない領域をどう考えるか、という意味においても、本書は示唆に富む。文章も読みやすく、引きこまれた。

『墨痕——書芸術におけるモダニズムの胎動』栗本高行、森話社

（『朝日新聞』二〇一六年二月一四日）

食材も作法も、驚きの変化たどる

日本列島では旧石器時代から現代まで、何がどのように食べられてきたか。いまでは海外でも人気の高い日本食。本書はその変遷を辿り、見渡す通史。一般的に歴史学で採用される時代区分とは異なる、著者独自の巨視的な区分方法によって描き出される。「王朝や政府の制度が変わったからといって、民衆の食事の慣習がすぐに変化するわけではない」からだ。

狩猟採集の時代から稲作社会の成立へ。古代から中世の終わりに近い時期までを、本書では「日本的食文化の形成期」とする。肉食のタブーと仏教・神道の関係、牛乳を飲まないことなど、多様な視点から食文化の特徴が説かれる。中世には鍋・釜が普及して温かい料理が増えたことや、一日二食だった食事が一七世紀末までに全国的に三食化したことなど、驚くような変化への言及が随所に織りこまれていて興味は尽きない。

発酵食品のナレズシがかたちを変えて江戸時代には握りズシとなる。保存食品から出発してファストフードに変化したのだ。「それでも、スシ飯には酢を加えて、かならず酸味をつけることに、古代からの伝統がかろうじて残存している」。二〇世紀の日本人の食事の変化については「外来の要素をうけいれて日本的に変形することによって、伝統的な食事を再編成していった」と指摘される。

歴史を辿る第一部に続く第二部では、食卓・食事作法・台所用品などが取り上げられる。たとえば、二〇世紀初頭に普及しはじめたチャブ台だが、一九七〇年代ごろにはイスとテーブルの方が優勢となったことなどは、社会の変化を映し出す例だ。

いまの人々は「かつては祭のときにしか食べられなかったような、さまざまな料理を日常的に食べている」。私たちは摂取するもので出来ている。当然だが、不可思議でもある事実。親しみやすい記述による、食文化の入門書だ。


『日本の食文化史――旧石器時代から現代まで』石毛直道、岩波書店

(『朝日新聞』二〇一六年一月二四日)

見えないもの暴く、精神の深層

韓国の作家・李承雨《イスンウ》の小説は、たたみかけるように重なる叙述がやがて未知の場を拓いてみせるところに、無類の魅力をもつ。そこにある言葉は、見えないものを暴こうとする方向を向き、冷厳で、粘り強い姿を見せる。

短編集『香港パク』は初期の作品八編を収録。表題作は一九八〇年代と思われる韓国の小出版社が舞台だ。社長は横暴極まりない人物。社員の中に、香港パクと呼ばれる男がいる。「香港から船さえ入港してみろ、こんな職場辞めてやるよ」と彼は宣言する。

社員たちは詳細を知らぬまま、なぜ香港なのかもわからず、けれど、いつしかその船が来ることに望みをかけるようになるのだ。ある日ついに香港パクは退社してしまう。いつか船が来るという悲しい確信だけを残して。信じることで、日常をなんとか凌《しの》ぐ。それは人間がもつ能力の一つかもしれない。著者は、そのシンプルな素材によって普遍的な構図を描出する。

「首相は死なない」は、噂や白昼夢、演技と事実の隙間を縫って進む。首相は、自分が死んだという噂が流れるたびにマスコミを通して健在ぶりを示す。「彼は数限りなく死んだが、一度も死ななかった」。小説家のK・M・Sは捕縛され、取り調べを受ける。どこまでが白昼夢で、どこまでが現実なのか。それらが逆転するかのように動いて、出口は塞がれる。

クレタ島の迷宮と怪物ミノタウロスをめぐる「迷宮についての推測」や、太陽が昇るかどうかで不安と恐怖に振り回される人々を描く「太陽はどのように昇るのだろうか」など、神話や寓話の要素を軸として人間性に迫る作品にも、引き込まれる。

読むうちに思いがけない闇の縁に立たされ、愕然とする。李承雨が扱う世界で、精神の深層にふれないものはない。いま急速に忘れられつつある、小説という表現の大切な性格が、ここにはある。

『香港パク』李承雨、金順姫訳、講談社
（『朝日新聞』二〇一五年一二月二〇日）

恋愛よりも深い奇跡的な間柄

小学校中学年の「ぼく」は夏休みのある日、スーパーのサンドイッチ売り場の女性をミス・アイスサンドイッチとひそかに名づける。水色に塗られたまぶた。独特の化粧のために大きく見える目に、なぜか強く心をひかれる。その目や仕事ぶりが見たくて、何度もサンドイッチを買いに行く。ところが、そんな「ぼく」を悩ませる事態が起きる。学校の教室で、数人の女子がミス・アイスサンドイッチの顔を酷評したのだ。

ヘガティーというあだ名の女の子が、「ぼく」のミス・アイスサンドイッチに対する感情をずばりと指摘する。そして提案する。「みにいくんじゃなくて、会いにいくんだよ」。小学校中学年の女の子らしい、ませた感じ、でも当人にとっては思ったままの言葉。その微妙な角度が、ぴしりと捉えられ、描かれる。それまでの「ぼく」は見ていただけ。話しかけてみる、会う、という発想はなくて。

第二章で、ヘガティーは語り手「わたし」となる。父と二人暮らし。あるとき、父は離婚したことがあり前妻との間に女の子がいると、ネットの情報で知ってしまう。動揺し、悩むけれど「お姉ちゃんという人をこの目でみてみたい」と願う。居所をつきとめ、偶然を装って会いに行く。同行するのは「麦くん」（第一章の「ぼく」）。さまざまな事実や変化に圧倒されて泣いてしまう「わたし」を「麦くん」はせいいっぱい受けとめる。親友なのだ。

ヘガティーと麦彦の関係は恋愛とは違う。というより、思春期以前の、恋愛感情よりも幼なじみであることから来る親しみの深さの方がずっと大事だという間柄。二人は、難しいことに直面すればそばへ寄り、気持ちを支え合う。ごく自然な感じで。その奇跡的な時間や距離感を、川上未映子の筆致はぐいぐいと、的確に描き切る。過ぎ去るものを書きとめる『あこがれ』、すばらしい小説だ。

『あこがれ』川上未映子、新潮社
（『朝日新聞』二〇一五年一二月六日）

相互依存の糸、終わりが始まり

美容師として自分の店を持って働く舞は、仕事の続かない夫・ミスミに度々暴力を振るってしまう。関係の歪みを認識しながらも、変えることができない。この夫婦と同じ集合住宅に住む希子は、美容院の客でもあるが、次第に接触の機会が増えて、関係は複雑さを増していく。

舞に抵抗しないミスミは一見、弱々しい男性のように描かれる。じつは暴力を許容することで相手を支配する人物なのだ。相互依存が作り出す関係の繭。謎の多い恋人・道郎を逃亡中の犯罪者だと思いこみ始める希子もまた被支配の状態から抜け出せない。

ともに三〇代前半の舞と希子は、互いの問題や悩みを知り、いつしか手を差し伸べ合う関係になる。これまでの関係や生活を棄て、変わろうとする女性たち。前向きだ。縺《もつ》れる距離感をあぶり出し、終わりが始まりであることを告げる長編小説。関係の糸が作り出す繭の外に、これからの時間があると示唆する。

『繭』青山七恵、新潮社
（『朝日新聞』二〇一五年一一月八日）

東アジア視野に文学史問い直す

近代の日本語文学史を、東アジア全域を視野に入れる方法で辿る。日露戦争や大逆事件等によって揺らぐ二〇世紀初頭、日本語による読み書きはすでに日本人だけのものではなかった。本書はその様相を考え、捉え直す。

日本統治下の台湾での文学運動と日本語での作品執筆の試み。中国の近代文学に重要な足跡を刻む魯迅や、朝鮮の近代文学の体現者・李光洙《イグァンス》にも影響をもたらす漱石。「悪」への視線をもつ鷗外。扱われる事柄は幅広い。重層的に捉えるべき話題と事例の集積が独自の構図を編み出す。

日本近代で「もっとも深く大きな精神史上の転換が進む」時期を、著者は一九〇五年から一九一〇年へと至る数年と考える。この視点から語られる、言葉や知識の共有と往来。「ここにある世界でさまざまな人がどうにか互いの言語を交え合わせた轍《わだち》」のかたちと価値に、著者は目を凝らす。新鮮な構図は、問い掛けに満ちている。

『鷗外と漱石のあいだで——日本語の文学が生まれる場所』黒川創、河出書房新社

（『朝日新聞』二〇一五年一〇月四日）

脆くはかない人間の生の輝き

母が作り出した閉塞的な環境で、子どもたちはどのように生き、育つのか。小川洋子の長編小説『琥珀のまたたき』は、その環境での日々とやがて訪れる崩壊を、何かを糾弾する視点からは離れた方法によって描く。

四人の子どものうち、妹が病で命を落とす。それを機に母は引っ越しを決意する。行き先は、父が残した別荘。母のアイデアで、子どもたちは『こども理科図鑑』のページを指さして自分の新たな名前を決める。三人はオパール、琥珀《こはく》、瑪瑙《めのう》となる。「壁の外には出られません」。母の決めたルールは他にもある。小さな声で話すことなどだ。

子どもたちが母に逆らわないのは、妹の死という衝撃を共有しているからでもある。外界からほとんど遮断された場でも、遊びは次々と編み出され、物語が生まれる。どんなに閉じられている場にも、想像の自由はある。

庭の雑草を食べるために連れて来られるロバのボイラー。自転車に品物を積んで訪れるよろず屋ジョー。外の空気を運び入れるものにも触れて、子どもたちはそれぞれ成長する。最初は完璧な均衡を見せていたかのような環境が、少しずつ綻《ほころ》びる。いつまでも子どもたちと閉じこもっていたい。そんな母の願望は、打ち砕かれる。

この小説は、アンバー氏と呼ばれる晩年の琥珀の姿も捉える。「芸術の館」に暮らす氏は、図鑑の片隅に描いた絵を「一瞬の展覧会」として人々に見せる。それは家族との過去を思い起こさせるものであり、氏にとって、とても大切な営みだ。氏は自らを琥珀に閉じ込めているのだろう。容赦ない変化に対する、無自覚な抵抗のかたち。

地層の中でゆっくりと形を成し、いつか掘り出されるもの。三人の鉱物や化石の名には、時間の手に握られている人間の脆《もろ》さ、はかなさがある。ひっそりとした生の輝きを、物語の器が受けとめる。

『琥珀のまたたき』小川洋子、講談社
（『朝日新聞』二〇一五年一〇月二五日）

人生の足元、確かめ拡がる世界

沖縄の歴史や文化を主題として執筆を続け、戦後の沖縄文学を牽引してきた大城立裕《おおしろたつひろ》の作品集。表題作は、八九歳の作家が綴る私小説。

妻が脳梗塞を患って那覇の病院に入院する。記憶障害とリハビリの日々。衣替えの時期が来ても、「私」は秋に着られるシャツがどこにしまってあるのか見当がつかない。「私はお前に訊くのを諦めて、しばらく薄着で我慢することにした」。思いついて箪笥から引っ張り出したのは、五〇年も前にハワイで買った厚手のアロハシャツ。

ある日、雑誌から、急逝した真謝志津夫《まじゃしづお》への追悼文を依頼される。追悼を書く余裕はない状態の中、よみがえるのは、真謝が手掛けた一連の船舶小説のこと。「ただメカの説明が詳しすぎて、ときにそればかりを書いているように見えた」。船舶に拘《こだわ》り続けた真謝の姿勢や面影が「私」の脳裡を往来する。死者との距離感を測りかねているような人物の立ち位置は、じつは誰にとっても親しいものではないか、と思う。

「病棟の窓」という一編は、「私」の病気を描く。病院は思いがけない再会の場ともなる。「あの可愛らしかった娘も、もうそういう歳なのだ！」と、廊下で五〇年前の旧知に呼び止められて感慨を抱く。体の動きが不自由になって、行動に制限が生じても、目に映る景色はむしろ新鮮なくらいだ。日常を淡々と綴る筆致は、思い出に変わっていく瞬間を書きとめる。

他の四編は、家族と沖縄の葬制、ハワイへの移民一世と子孫のこと、見えない世界に通じる巫女《ゆた》と那覇市新都心の空虚感などを描き出す。いずれも沖縄の風土に根ざす作品だが、そうした地域性の濃さによるある種の限定が作風を狭めはしないことを、この小説集は力強く告げる。観察は掘り下げられ、拡がる。どこに生きているのか。その足元を、繰り返し確かめながらかたちを成していく世界だ。

『レールの向こう』大城立裕、新潮社
（『朝日新聞』二〇一五年一〇月一一日）

馬と一族の宿命、体感的に描写

馬との宿命的な関わりを、こんなふうに大胆且つ体感的に描いた小説がかつてあっただろうか。河﨑秋子『颶風《ぐふう》の王』は、馬とともに歩む一族の、六世代にわたる足取りを追いかける作品だ。

舞台は東北そして北海道。時代は、明治から平成へ。新天地での仕事を求めて、東北から北海道に移住する捨造は、母から受け取った紙切れを読む。そこには、捨造が生まれる以前のこと、雪崩で遭難した母がいかにして生き延びたかが綴られていた。一頭の馬と遭難した母は、雪の中、とうとう大切なその馬を食べて命を繋いだのだ。凄絶な場面だが、心打たれる。

時は移る。捨造とその家族は、根室の沖に浮かぶ花島で放牧させていた馬を失う。台風で道が崩壊し、馬たちは崖上に取り残されてしまったのだ。崖上の馬たちはそこで生き、繁殖し、野生化していく。島に置き去りにした馬を、年月が経っても気にかけ続ける和子は捨造の孫。その孫であるひかりは、現代を生きる大学生。馬との関係は祖母から聞かされている。

「ひかりから数えて五代前の女性は、冬山で遭難した際、馬を食べて生き延びたのだそうだ。真偽については確認しようもないが、多少の誇張はあってもあり得ない話ではないとひかりは思っている」。真に迫る描写で肉感的に描かれた出来事が、五代後の子孫には伝説めいたこととして伝わる。この伝承と伝播の描き方も、興味深い。

ある日、花島にまだ馬が生きていることを知ったひかりは、その調査に参加し、確認しに行く。そして生き残った最後の一頭と出会う。馬と人の辿ってきた道が時を超えて重なり、また離れる。感動の波紋が胸にひろがる。著者は、羊飼いをしながら小説を執筆している。その経験に裏打ちされた細部と、ずしりとした手応え。スケールの大きさとともに、近くも遠くも眺める視線をもつ小説だ。

『颶風の王』河﨑秋子、角川書店
(『朝日新聞』二〇一五年一〇月四日)

不信と孤独の連鎖を凝視する

解決しない事件が、それに関わった人たちの人生を変えてしまい、生き方を縛りつける。米国に住み英語で執筆を続ける、中国出身の作家イーユン・リーの長編『独りでいるより優しくて』は、人間の孤独と向き合う小説。孤立の状態を選ばざるをえない生き方とその経緯を、冷徹な筆致によって凝視する。

少艾《シャオアイ》という名の女子大生が、何者かに毒を盛られ、深刻な後遺症を抱えることになる。毒は大学の化学研究室から盗まれたものとわかる。三人の高校生たち、泊陽《ボーヤン》、黙然《モーラン》、如玉《ルーユイ》の誰かが犯人と思われる状況の中、事件は迷宮入りに。友人だった三人は事件を機に離散。それから二一年後、ついに少艾は亡くなる。三〇代後半になっている三人のうち二人が再会し、真相の一端が明らかとなる。

三人は、一九八九年、天安門事件の年に高校一年生という設定。少艾は民主化運動に関わり、周囲に波紋を起こす。とはいえ、そのことと毒混入事件は、単純に直結するわけではない。そして、この小説の視点の鋭さはまさにそこに宿る。なぜなら、それによって、この小説は特定の場所や時代による限定を抜け出て、普遍的な構図を得ることができているからだ。

つまり、未解決事件が与える疑心暗鬼の状態、人々があえて自身を一種の隔離状態に置いて生きるとはどういうことか、読者がさまざまな立場から思い描けるように書かれているといえる。「最悪の闘いは純真な者たちの間で起こる、と如玉は思った」。

著者はこの作品で、不信と孤独の連鎖を炙り出してみせた。糾弾の視線を交えずに淡々と。小説においては、糾弾や告発よりも、凝視の方がずっと有効だ。凝視は、読者に対しても、そこに描かれている出来事をじっと観察する余地を与えるからだ。この小説には、短絡的な希望は描かれていない。そして、その方法にこそ希望があるのだ。

『独りでいるより優しくて』イーユン・リー、篠森ゆりこ訳、河出書房新社
（『朝日新聞』二〇一五年八月二三日）

青いレモン

一〇年以上、講師をしているある学校でのこと。卒業生のひとりが、ふらりと遊びに来た。また少し大人になって成長したその人に、過去の記憶を重ねながら、近況を語り合う。窓から差し込む霜月の昼の光。「そうだ、あげるものが」。その人は、バッグのふたを開ける。のぞきこみながら、片方の手を入れて探る。「なに?」。

バッグから抜き出された片方の手が、ゆっくりと開かれる。出てきたものは、青い果実。手品のようだ。「レモンです、レモン」。渡されるものを両手で受けた。「わあ、レモン。これ、どうしたの?」。店で売られているようなものとはちがう。「友だちの家の庭でできたレモンです。もらったから、先生にあげようと思って」。

枝からもがれた青いレモン。包装されることもなく、ただそのまま、ころん、と手渡されたレモン。両手のなかにすっぽりおさまり、レモンはいくらか居心地が悪そうだった。「これ、色は青いままの種類なんです。置いておいても、黄色くならないんです」。かぼすを思わせるような、勇ましい緑色。すっかり、うれしくなる。「ありがとう」。相手はほほえんだ。

ワックスのかかっていない、人工的なつやのない果物。表面にこまかなひびすら入っている果物の、むき出しの野性味には、どきりとさせられる。旅の途上にあって、うっかり、行き先を失念しているのだという気持ちにさせられる。

梶井基次郎の短編「檸檬」の語り手「私」は、ある果物店でレモンを一つ買う。そして、こう述べる。「実際あんな単純な冷覚や触覚や嗅覚や視覚が、ずっと昔からこればかり探していたのだと言いたくなったほど私にしっくりしたなんて私は不思議に思える」。感覚と言葉が一体となって、この短編を鋭く織り出していく。もらった青いレモンを鼻に近づけると、香りは薄い。香りを奥にしまったままの、内気なレモン。刃を当て、そっと切る。香りが目覚めて、ぱあっとひろがった。

(『毎日新聞』二〇一三年一一月二六日東京夕刊)

人生を支える「優しさ」の記憶

ある場面の記憶が、その後の人生を通して残り続け、生き方を支える。中脇初枝『世界の果てのこどもたち』は、人の優しさを身にしみて感じた記憶が、どのように胸に留まり展開するかを描いた小説だ。その意味で、物語の描線と著者の願いは一致する。

物語は、満州で出会った三人の少女を中心に進む。戦時中、家族と高知県から渡満して、開拓団村に暮らす珠子。朝鮮人の美子《ミジャ》。横浜から来た茉莉。三人は国民学校の一年生だ。懸命に働く人々と生活の厳しさを描きながら、著者はそこに、子どもたちが友情を育んでいく様子を織りこむ。民族や言葉の違いを超えて親しくなる子どもたちの姿に、著者が託したものを読み取ることは難しくない。

ある日、三人は遠くの寺へ出かける。片道数時間かかる場所。到着後、大雨となり、周辺は洪水に見舞われる。身を寄せ合って凌ぐ間に、美子は一つだけ残っていた自分のおむすびを三つに割り、二人にも分ける。この記憶を、三人はその後、何十年も持ち続けることになるのだ。

ソ連軍の満州侵攻。関東軍の撤退。敗戦。開拓団の日本人は逃げる途中で次々と命を落とす。現地人の襲撃や病気や飢えによって。珠子は撫順の収容所にいるときにさらわれ、売られる。中国人夫婦に買われて、幸いにも愛情深く養育される。けれど、それは日本語を見失っていく過程でもある。横浜大空襲で家族を失い、孤児となって施設で育つ茉莉。家族と日本へ渡り、差別と闘いながら自分の生きる道を切り拓く美子。

翻弄されながらも精いっぱい生きようとする三人に訪れる、四〇年後の再会の瞬間。「忘れようとしても忘れられない、つらい記憶。でもそれ以上に忘れられないものがあった」。戦争や東アジアの歴史と向き合う、子どもたちの物語。どんな時代も、人を生かすものは人の気持ちなのだと伝える作品だ。

『世界の果てのこどもたち』中脇初枝、講談社

(『朝日新聞』二〇一五年八月一六日)

実学としての文学を見渡す

「文学は実学だ」と現代詩作家の荒川洋治は繰り返し強調する。人間性に係わり、人間をつくるものという意味で虚学ではない、と。けれど、それを「必要以上に軽んじようとしている空気がある」。

初の講演集『文学の空気のあるところ』は、日本近代文学館主催「夏の文学教室」での講演を中心に、七つの講演を収録。昭和の文学、日本各地の地域性と絡む作品、読者の数は少なくても確実に読まれてきた作品、あまり読まれない作品にも目を向ける。

「標準に合わせたものだけを見る」態度に対して疑問と警告を投げかける。これは一貫した姿勢だ。「知識を求めない世界」でも人は生きられるが、「知識が乏しいと、感性も狭まっていきます」。知ることの喜び、読書の方法、散文だけでなく詩にも触れることが必要な理由など。本書に書かれていることは、他に誰も書かず、書こうともしない内容ばかりだ。日本語による文学を見渡し、手渡す。読書に深さをもたらす本だ。

『文学の空気のあるところ』荒川洋治、中央公論新社

（『朝日新聞』二〇一五年八月二日）

ウィットと軽み、原点を見つめる

谷川俊太郎の新詩集。タイトルはずばり『詩に就いて』だ。六〇年以上詩を書き続けてきた著者が、八〇代のいま、改めて投げかける問い。それがこの詩集だ。

どの詩も言葉の立ち姿がくっきりとしていて、驚くほど軽やかだ。軽やかだけれど、重さがないという意味ではない。一編ごとに、抱えられている出来事、対峙する問題があって、言葉はそこに書かれていることの中心へ向かってぐっと引きしめられていく。

たとえば「待つ」という詩の最初の二行。「詩が言葉に紛れてしまった／言葉の群衆をかき分けて詩を探す」。あるいは「脱ぐ」という詩にはこんな二行がある。「脱ぎ捨てられた言葉をかき集めて／詩が思いがけないあなたになる」。さらっと読めそうでそうはいかない言葉に出会い、行ったり来たりする時間も楽しい。

詩のなかで観察する目が動く。その動きをなぞり、追うとき、すうっと詩の影が立ち上がる。たとえば「詩よ」の一連目。

「言葉の餌を奪い合った揚げ句に／檻の中で詩が共食いしている／まばらな木立の奥で野生の詩は／じっと身をひそめている」

また「木と詩」という一編では次の言葉に立ち止まる。

「木は木という言葉に近づこうなどとは思っていないが、詩は詩という言葉に近づこうとして日夜研鑽に励んでいる、のは私に限らない。」

この詩集を読みながら何度笑ってしまったかわからない。ウィットがある。この軽みの境地は、読者を楽しませるものだ。詩とはなにかを見直し、考え直しながら、人を楽しませる。同時に、未知の場へ連れていく。現状において著者でなければとれない方法が実現されていると思う。

詩についての詩、つまり詩を対象とする詩作品を書くことを、著者は「あとがき」でこう語る。「本来は散文で論じるべきことを詩で書くのは、詩が散文では論じきれない部分をもつことに、うすうす気づいていたからだろう」。詩集の冒頭の一編「隙間」は、詩と散文を並べて、ながめる。

「チェーホフの短編集が／テラスの白木の卓上に載っている／そこになにやらうっすら漂っているもの／どうやら詩の靄らしい／妙な話だ／チェーホフは散文を書いているのに」

「あとがき」では詩作品（ポエム）と詩情（ポエジー）との違いが強調される。言葉で詩を書くとは、詩作品を書くということ。散文との違いはどうか。著者の目は、この詩集で改めてその原点へ向けられている。初めての書き下ろし詩集。その初々しさ、脱皮し続ける力。毒と愛嬌、瞬発力。触れれば心が動き出す。

『詩に就いて』谷川俊太郎、思潮社
（『朝日新聞』二〇一五年六月七日）

老いの時間に渦巻く死と官能

古井由吉はこれまでも、夢と現の境、過去と現在の境を踏みこえる小説を書いてきた。その世界は、揺らぐ幻の像と確固とした質感を併せ持ち、独自の展開を見せる。『雨の裾《すそ》』はいよいよ極まろうとする著者の方法と持ち味が、前人未到の境地をかいま見せる小説。老いの時間に渦巻く死と官能の色合いを、ここまでこまやかに炙り出した小説があっただろうか。

冒頭の「躁《さわ》がしい徒然」はタイトルも粋だが、「ある境を越すとしばらくは自分から、空足でも踏んだように前のめりに、上機嫌に年を取っていく」という一文など、著者らしい観察で、心動かされる。重いものは軽く、軽いものはむしろ持ち重りのする手触りで、著者は扱う。

老いと病、入院などで時間の感覚の変わる感じが、繰り返し描かれる。「我に返るとは、我身の内の死者の時間に、さかのぼって感じる境のことか。これからも幾度となく我に返って覚めた心地がしてはまた紛れて、年を取っていくのだろうと思った」。

我とは誰か、どこにいるのか。日常の輪郭がほどけて、途方に暮れて立ちつくす時間。

その匂いと色合いを、描き切る著者の文章。それは、他の言葉では描かれたものが必ず別物になってしまう、という深い認識から、決して逸れることなく進む。

表題作は、死の床につく母とその息子である男を描く。男には、母が死病を得てから関係の出来た女がいる。頼まぬうちから入院先へ赴いて母の世話をする女。「人は自分の行為の、ほんとうの由来は知らない」「あなたとのことは、後悔しません」。因果と呼ぶほかない関係を、眺める眼差しの先にひろがる、死の静けさ。洗練された穏やかさの底にぞっとさせる妙味を潜める文章が、生と死を渾然一体のものとして浮かび上がらせる。読めば読むほど、どこともつかぬ気の遠くなる境へ引かれていく。

『雨の裾』古井由吉、講談社

（『朝日新聞』二〇一五年七月一九日）

響き合う人生と都市の回想

台湾の台北にはかつて中華商場というショッピングモールが存在した。一九六一年に完工、八棟の建物に一〇〇〇軒以上の商店があり、にぎわった。九二年に全棟が解体されたが、いまもなお当時を知る人々の記憶に残る場所だ。

呉明益《ウーミンイー》『歩道橋の魔術師』は、中華商場を舞台とする連作短編集。各編の語り手が、中華商場で過ごした日々を語る。棟と棟を繋ぐ歩道橋でマジックを見せて商売をしていた魔術師を、覚えている人もいれば、記憶していない人もいる。中華商場の回想は必ず、語り手の現在と響き合う。現在と過去の間に言葉の歩道橋がかけられていく。

恋や事件、家族の問題、不慮の死、失踪、子どもたちの希望と失望、それでも続く生活。読み進めるうちに、中華商場が自分の中に築かれていく感覚がある。九九階を示すエレベーターのボタン、〈元祖はここだけ　具なし麺〉という店、鍵屋、眼鏡屋、街娼。夜の闇を飾る色とりどりのネオンサインが胸に染みる。まさに都市そのものが主人公であるような小説。

ゾウの着ぐるみを着て風船を配るバイトをした経験を語る男。ある日、バイト中に彼女が通りかかる。その背中が見える。「ぼくは、彼女の名を呼ぼうとした。でもはたと、今、自分はゾウなのだと思い出した。ゾウは人間の言葉を使って、誰かの名前を叫ぶだろうか?」。ためらううちに信号が青に変わり、彼女は横断歩道を渡って消える。たとえば関係の亀裂や時の流れを、著者はそんなふうに繊細に描いてみせる。

人生や都市の暗部を簡潔で静かな筆致によって浮かび上がらせる著者の小説は、台北・中華商場という固有の場をこまやかに切り取るものでありながら、同時に、どんな都市にも通じる感情を湛えている。淡々とした語り口に、親しみのもてる短編集。言語の違いを超えて、読書の喜びを確かにもたらす作品だ。

『歩道橋の魔術師』呉明益、天野健太郎訳、白水社

(『朝日新聞』二〇一五年七月五日)

改竄された「源氏」、「現代」映す物語の妙

王朝物語の最高傑作として読み継がれてきた『源氏物語』に古川日出男が挑む。小説『女たち三百人の裏切りの書』の舞台は、平安時代後半から院政期にかけての時代だ。紫式部が『源氏物語』を書いたころからは百余年が経過している。登場人物たちは『源氏物語』との縁を生き、紫式部の怨霊に翻弄され、物語の力を知る。

ある日。紫苑の君は病の床に伏す。そばには麗景殿《れいけいでん》の女房ちどりと、病の原因である物の怪を移すための人間、つまり憑坐《よりまし》の少女うすきが侍る。護摩が焚かれ、阿闍梨《あじゃり》の祈祷が続く。物の怪は、自分は紫式部だと名乗る。小説はここからはじまる。

紫式部の怨霊は、いま流布する『源氏物語』は改竄《かいざん》されたものだと告げる。そして、五十四帖のうち最後の十帖、光源氏がこの世を去った後の物語「宇治十帖」が本当はどういう物語なのかを語る。小説を読み進めるうちにこれらは愛ゆえに仕組まれたことだとわかる。小説が動き出す。仕組まれた線を越えて、人々の現実が展開する。

先に触れたように、この小説の舞台となる時代は武家が力を持ちはじめる時代。その「現代」を取り入れる『源氏物語』として、公家以外の人々の動向を含んで展開すると

ころに、ひろがりと臨場感がある。西海の海賊衆を統べる人神・由見丸。山陰の沖の島で生き、南都の大寺院に武力を提供する蝦夷の末裔たち。黄金や奥州の馬を商う商人・金屋犬百。平氏、そして源氏。両者のあいだにあって盛衰を眺める藤氏。著者が、小説の舞台をあえて紫式部のころから百余年経った時期に設定した意味も、見えてくる。

思いがけない関係の糸、裏切りの糸が錯綜して、物語の内にも外にも、新たな物語を生んでいく。紫式部の怨霊が三人になり、それぞれの怨霊が語る「宇治十帖」、つまり複数の筋が巷間に流布しはじめる。人々は物語を生きる。

原典が尊重されるとは限らなかった時代、物語は、筆写によって広まる中で、書き換えられたり、書き継がれたりした。そうした行為も享受の方法と楽しみに数えられた。物事の「説明」には常に「間隙」がある。「単に語られていないだけ」のことが含まれているのだ。そこを「隙見《すきみ》」するなら「物語の不思議に触れる」ことができる。著者は、物語に備わるそんな性質を見据える。『源氏物語』を享受する人々とその時代を描きながら、同時に「宇治十帖」の読みに挑戦し、従来にない方向から光を当てた大胆な力作。紫式部も驚くに違いない。

『女たち三百人の裏切りの書』古川日出男、新潮社
(『朝日新聞』二〇一五年六月二八日)

人生で大切なこと、深く見つめた言葉

今月初めに、詩人の長田弘は亡くなった。その少し前に刊行された全詩集は、これまでにまとめられた詩集のすべてを集大成したかたちだ。『われら新鮮な旅人』（一九六五）から『奇跡―ミラクル―』（二〇一三）までの一八冊・四七一編を収録する。およそ半世紀に及ぶ時間のなかで、この詩人がどのように歩んだか、改めてたどることができる。著者によって書かれた言葉と、じっくりと向き合える場がひらかれた。

単独の存在としての各詩集が集まって、一冊になることは、新たな「一冊の本」の誕生を意味する。著者による「結び」の言葉を引けば、「まったくちがって見えるそれぞれの詩集が、見えない根茎でたがいにつながり、むすばれ、のびて、こうして一つの生き方の物語としての、全詩集という結実に至った」ということだ。

生と死、日常、本と読書、自然、樹木、風景と人との深い関わり。生きていくなかで何を大切だと思うか。詩を通して著者が表したかったことは、それに尽きるといっていいだろう。人生とは一日一日を生きていくことだという、シンプルだけれど、だからこそ困難でもある人間のすがたを見つめる。

第一詩集の鮮烈さは、詩の読者のあいだではいまも記憶されている。『深呼吸の必要』（一九八四）も刊行当時、話題になった。けれど私は、著者の六〇代以降の詩集に、陰影の深まりを感じる。『一日の終わりの詩集』以降だ。その理由を考え、著者の思考は、年齢を重ねることとなじむ方向性をもっていたのではないかと、思い至る。「人生は、何で測るのか。／本で測る。一冊の本で測る。／おなじ本を、読み返すことで測る。」「一体、ニュースとよばれる日々の破片が、／わたしたちの歴史と言うようなものだろうか。／あざやかな毎日こそ、わたしたちの価値だ。」

古今東西の文学や哲学にふれる詩も少なくない。一読者としてどんなふうに読んだかを、著者は詩にして、その味わいを伝える。長田弘の詩がひろげるのは、大きな木の下にいて静かに本のページをめくるような時間だ。これは一貫している。批判や警句を秘める詩も、おだやかな言葉の流れのなかに展開する。「死は言葉を喪うことではない。沈黙という／まったき言葉で話せるようになる、ということだ」。そんな箇所もある。ならば、全詩集をひもといて、この沈黙に耳を澄ましたい。読まれるたびに、詩はよみがえる。

『長田弘全詩集』長田弘、みすず書房
（『朝日新聞』二〇一五年五月二四日）

困惑と屈託を味方につけて

学校になじめずにグレて、博打にのめりこむ。ナルコレプシーという睡眠に関係する持病のため、幻覚に襲われる。色川武大の『友は野末《のずえ》に』は、そんな作家の生活と人生を織りこんだ九つの短編を収める。哀感とユーモア、そして独特のサービス精神に満ちた文章の数々。

「私はこのまま学校へ行かずに、永久に体制の外へはみ出てしまうとしても、それ以外に道がないと思うことができた」という箇所がある。「思った」ではなく「思うことができた」なのだ。可能性の意味合いを、そっと含み持たせるこんな表現一つとってみても、この書き手の心の角度が伝わってくる。

「私は生家を出て、外をほっつき歩いていて、道路に寝たり、あちこち流れ歩いていた期間が長いが、といってまるっきり生家に寄りつかなかったわけでもない」。いつも鍵のかかっていない家。そっと戻ると、留守にした間に自分の部屋は野猫の巣となっている。「かなりの数の猫がこの部屋に出入りすることを知った」。虫たちも入ってくる。眼前に現れては消える生き物たちとの距離を「私」は「交際」と呼ぶ。

表題作は、子供のとき親友だった大空くんを語る。幼稚園や小学校で、大空くんもまた周囲となじめない。納得できないことがあると、大声で「いやだ」と叫ぶ。先生をてこずらせる。大人になるにつれて、理由もなく離れていった大空くんから、三〇年ぶりの来信。山の宿をやることになった、よろしく。「私」は大人になってからの大空くんの生活を知らない。でも、記憶にはたしかに大空くんの「熱い表情」が残る。

どう生きればいいかわからない。そんな思いを、幼いころから抱えてきた人は、色川武大の文章を読めばきっと自分の心と重なる傾きをそこに見出すだろう。困惑と屈託を、突き放すよりも、むしろ味方にして進む世界だ。

『友は野末に——九つの短篇』色川武大、新潮社
（『朝日新聞』二〇一五年五月一〇日）

制度と図式に対抗する小説

田中慎弥の小説『宰相A』は、コッポラ監督の映画「ゴッドファーザー」やカフカの小説「城」、三島由紀夫にも言及しながら、人間を取り巻く制度とその図式に、果敢に対抗する。制度を成り立たせるのは言葉だが、そこに疑念を差し挟むことを可能にするものもまた言葉なのだ。

駅に到着した弾みで目を覚ました「私」は、降り立った場所になぜかアングロサクソン系の人間ばかりがいることに気づく。みんな緑色の制服を着ている。日本国民であることを証明するN・P（ナショナル・パス）を所持していないことを指摘され、軍に引き渡される。そして取り調べを受け、自分が「旧日本人」に分類されることを知るのだ。旧日本はかつて戦争をし、負けると同時にその社会は一掃され、代わってアメリカが島国に根を下ろし「現在の日本国」が誕生したという。

居住区で抑圧されて生きる旧日本人たちは、政府への抵抗の拠りどころとして、伝説的な人物Jの再来を待っている。Jに似ている「私」は政府と居住区民たちとの衝突に巻き込まれる。すべては「私」の与り知らぬところで進んでいく。そんな「私」の希望といえば、母の墓参りをし、紙と鉛筆を入手して小説を書くこと。それだけだ。「私」の職業は作家。ところが、この国では芸術活動も認可を得なければおこなえない。

人々は「虚実のはっきりしない物語」の中に「私を無理やり登場させようと」する。そのとき、「私」は認識する。「周りが勝手に仕立てて稼働させる物語が気に食わないなら、自分の手で物語を産み出し、対抗すべきではあるまいか?」。とはいえこの小説には抵抗が容易に運ばないことを明かす醒めた視線もある。

作者はそこで、ためらわずに読者を突き放す。だからあとは、読者は自分の中に抱えて見つめるのみだ。知っているはずの世界こそ未知の図式で成り立っているのだから。

『宰相A』田中慎弥、新潮社

(『朝日新聞』二〇一五年四月五日)

加納光於《かのうみつお》の眼

鎌倉の神奈川県立近代美術館で開催された加納光於《かのうみつお》の展覧会を観た。「色身《ルウーパ》——未《ま》だ視《み》ぬ波頭よ２０１３」と題された展覧会は、一九五〇年代から現在までの制作を概観する視点で構成されていた。銅版画、油彩、オブジェ。変遷のなかに、一貫するエネルギーを感じ取ることのできる展示。

言葉を拒む場、という言葉が浮かんでくる。印象を、観る者の眼前ですっと取りまとめては潔く移ろっていく。その濁りのなさからは、むしろ不穏な気配さえ立ちのぼる。

言葉を拒むということは、言葉による分割を拒むということでもある。たとえば、色彩について、どこまで分割し、どんな語をあてれば、行き届いた知覚だと呼べるだろう。作者は絵の具を自製する。そこに、蜜蝋をまぜこむ。作者が求めるものは、耐久性ではない。現象の一瞬がもたらす手ごたえなのだ。それこそがすべて、という世界。

こんなにも言葉を遠ざける世界なのに、同時に、言葉とまじわる装幀という仕事の数々があることは興味深い。その多くは、詩をめぐるものなのだ。たとえば、渋沢孝輔『漆あるいは水晶狂い』、吉増剛造『わたしは燃えたつ蜃気楼』、『入沢康夫〈詩〉集成』など。そして、詩といえば、さらに大岡信との共同制作「アララットの船あるいは空の蜜」という作品がある。一九六〇年代後半から七〇年代に芸術表現として盛んにつくられたリーヴル・オブジェ（つまりオブジェとしての本）に数えられるこの立体作品は、人体を思わせる箱のなかに、さまざまなパーツや詩集が収められている。箱は封印されている。ガラス窓からのぞくしかない世界が展開される。

加納光於は「絵画という平面に向かうための確かめ方の一つ」としてオブジェを捉える。平面もまた仮のすがただ。途上のもの。在るものが、いまそこに在ることの不可思議。ただ、それだけを見つめ、移ろうことを受け止めてきた作者。言葉の要らない眼が、そこにある。

（『毎日新聞』二〇一三年一二月三日東京夕刊）

近代詩の周辺を探る

明治期、西欧の詩が日本へ翻訳紹介される中で伝統的な和歌や俳諧、漢詩とは別の詩を模索する動きが生まれた。本書は『新体詩抄』(一八八二年、明治一五年)周辺の状況と影響、その後の近代詩の歩みを論じる。『新体詩抄』に志の詩ばかり並ぶのは、詩のイメージの底に漢詩があったからだという推測や、軍歌と大衆化の問題、衰退した古典派の意見の再検討など、近代化の歩みに迫る柔軟な視点に引きこまれる。

『新体詩抄』の編者の一人である外山正一は、ドイツ美学を援用して批判を展開する森鷗外に対し反論をしなかった。それは、そもそも西洋の詩学に基づいて新体詩を語るより「感動」を根拠に考えようとしたからだと、著者は指摘する。「近代的芸術観」によって形成された詩の風景。そこからこぼれて忘れられた試みにも本書は目を向ける。

美学の研究者による本書は、詩を主題にしつつも美術、演劇、音楽なども含めた意味での「近代芸術」が日本でどのように誕生したのか、その成立の過程を見渡す方向性をもつ。現在へ続く過去を読み直す面白さが伝わってくる。

『近代詩の誕生——軍歌と恋歌』尼ヶ崎彬、大修館書店

(『読売新聞』二〇一一年一二月一八日)

時代を歩む顔

いま、改めて思う。久世光彦は見る人、読む人だったのだなと。本書はフロッピーディスクに残されていたエッセイから四二編を収録。Ⅰは、演出家として舞台やテレビドラマの仕事を通して出会った俳優たちのこと。Ⅱは、本や少年期の記憶など。

読んでいくと、気づく。著者が、人とも本や物とも、さらには思い出とも、時間をかけてじっくりと付き合っていることに。向田邦子ドラマは一六年続いた。人も本も、時の経過とともに変化を見せる。疎開先での空襲、終戦の前後に目撃したことなど、かなしい影をもつ思い出とも独特の距離感で対話を重ねる。

「関東大震災と戦災という二つの厄災の狭間」に「ほんのひとときの、風の凪いでいた時代」があった。「あのころ」は「特に男がいい貌をしていた。自信と矜持と優しさがあった」。その典型として挙げられているのは北一輝。「革命という浪漫的な夢」を見た人。その時代のドラマを撮るとき、ふさわしい「貌」が見つからなくて苦労する、と。

消えゆくものを慈しむ。係わる。優しさとユーモア。たっぷりした文章。すてきな本。

『歳月なんてものは』久世光彦、幻戯書房
（『読売新聞』二〇一一年一一月二〇日）

悪の奥底を見つめる

中村文則は悪を描くことで人間性の根本を見つめようとする。『掏摸《すり》』『悪と仮面のルール』に続いてこのモチーフを追いかける小説『王国』。これまでの作品では主人公は男性だったが、本作では女性だ。鹿島ユリカ。目的は明かされず、指示を受けては要人に近づき弱みを作ったり情報を得たりする仕事を請け負っている。依頼者は矢田という男。あるとき、ユリカは、ある施設の施設長である木崎という男に接近することになる。「何というか、化物なんだ」。そう評される人物。狙われる命、騙し合い、危機からの脱出、さらなる罠、悪に重なる悪。

脅しや恥。人間を操る究極的な動機を描きこみながら「化物」をいくつもの方向から照らし出す。一方で浮上するのは、かつてユリカが抱いた希望だ。友人エリが遺した幼い息子、翔太を病から救いたいという願望。善良な想いや義務感からではない。「この子どもを捉えている運命のようなものを、どうしても裏切ってやりたいと思った」。矢田は「世界は、システムで成り立っている」という。だからシステムは裏切られるのだ。恐れや後悔から遠いユリカは、見えない組織や欲望のあいだをくぐっていく。

木崎はいう。「相反する二つの感情の動きが混ざり合い、完全に一致した時、人間の感情は人間の限界を超える。善と悪が互いを刺激し合い、その感情は人間の許容範囲を超えどこまでも上昇していく」と。善も悪も味わいつくす。木崎が求めることはそれだ。観念的ではあるけれど、その「化物」性が噴き出す台詞だ。

ナイフやスタンガンを所持し隙のないスパイのごとくに振るまうユリカ。感情よりも行動がある。「大勢の頷けることばに、全ての人間が頷けるわけじゃない。そんな言葉は溢れているからもういらない。わたしのような人間にも届く言葉。そんな言葉もあるだろうか」。ユリカは孤独だろうか。逃亡は解放だろうか。この世の構図とその謎を、作者の言葉は渡っていく。

『王国』中村文則、河出書房新社

（『読売新聞』二〇一一年一二月四日）

極限体験と人への思い

アウシュヴィッツ強制収容所から生還したイタリアの作家・化学者プリーモ・レーヴィ。本書は、日本ではじめての評伝だ。『溺れるものと救われるもの』が訳されたとき、読んで感動した。そこには、たとえばフランクルの『夜と霧』のような、人間の強さを肯定するトーンとは異なる、より淡々とした声があった。

とくに、収容所での体験を考察し導き出された「灰色の領域」という考え方。それは人間を直視する勇気を示す。本来なら味方であるはずのものたちのなかに、敵に加担する事柄を（生きるために）引き受け、結果「灰色の領域」に属することになるものがいるという観察。生死を分けるものは、何か。自身が生き残ったことに対する後ろめたさや不可解な感情を握りしめながら、この作家は執筆をつづけた。

本書は、プリーモ・レーヴィの生涯を追いつつ、戦争や強制収容所を描いた作品のみならず科学と空想が織りなすSF的な短編などにも言及し、全体像をわかりやすく伝える。関係者の証言も収録。鬱病と自殺という最期についての見解もそれぞれで、作家を多面的に照らす。

末尾に付された本書の著者である竹山博英のエッセイは、プリーモ・レーヴィとの思い出を語る。夜の七時に自宅へたずねる約束だったので、食事に招かれたのかと思ったがその気配はなく、時間的になにかマナー違反をしているのではないかと心配になったこと。また別のときには、その左腕に、収容所で入れられた入れ墨を見つける。ブルーのインクで刻まれた番号。「私は驚き、思わず聞いてしまった。入れ墨は消していないのですか、と」。作家は「腕を突き出し、よく見えるようにしてくれた」。

まるでそんなふうに、極限の体験と人間への思いを言葉にのせて、突きつけた作家。作品のなかには、答えに似た言葉はない。だから何度でも読み直したい。この本はこれからの読者にとっても、入り口としての一冊となるだろう。

『プリーモ・レーヴィ――アウシュヴィッツを考えぬいた作家』竹山博英、言叢社
（『読売新聞』二〇一一年一一月一三日）

日本社会を映すコピーの言葉

コピーとは、広告の言葉、つまり商品の販売促進のために編み出される言葉だ。本書は戦後六十余年のコピーから選りすぐりの五〇〇本を収録する。たとえば、広告の仕事にたずさわる人たちの投票で決まった上位の三本は「おいしい生活。」「想像力と数百円」「おしりだって、洗ってほしい」だ。さて何のコピーか、わかるだろうか。

戦後の日本社会の空気や願望を映し出してきた言葉が並ぶ。それぞれのコピーは、広告というものの性質からして当然、時の経過とともに古色を帯びていく。だが、それを集めたこの本は、読み物として新鮮だ。集められ、よみがえる。さらにいえば、各コピーと同じくらい、コピーに付された広告業界の人たちのコメントが、各人各様の方法と鋭さを示していて面白い。

コピーは、ひとことで言い切る世界だ。それが商品の特性を表せているかどうか。商品に沿っていなければ成立しない。この限定を前提とし、文学の表現とは違った仕方で言葉への接近が試みられる。生きている人間に向けられるコピーには時代の体温がある。

『日本のコピーベスト500』安藤隆ほか編著、宣伝会議
（『読売新聞』二〇一一年一〇月二日）

詩歌に詠われる生き物たち

人間はなんとさまざまな生き物に囲まれていることだろう。本書は、歌人である著者による、詩歌に詠われてきた生き物たちをめぐる文章を集めた本だ。獣、家畜、鳥や魚、虫。歌だけではなく、俳句や詩、童謡なども例として引かれる。そのひろがりのなかに人間の喜怒哀楽がゆれる。

キリンなら、河野裕子の歌「群がれる人類の彼方見やりつつキリンはしづかにやせて佇《た》ちゐし」。雉なら加藤楸邨《しゅうそん》の句「雉子《きじ》の眸《め》のかうかうとして売られけり」。芭蕉の蛙、萩原朔太郎の雲雀《ひばり》といった定番もあれば、カメレオンやみみずくも登場。斎藤茂吉の歌集『赤光《しゃっこう》』にもっとも多く出てくる生き物は蚕だとか。

著者のコメントも楽しい。たとえばホトトギス。「鮮やかな鳴き声に加えて、ホ、ト、ト、ギ、スという硬軟交錯して明快なリズムを刻む音感のおもしろさ、五音句としてのハマリの良さ」。トカゲを蜥蜴と漢字で書くと「一挙に面妖な雰囲気をまとう」など。言葉による捕獲の風景。そのとき網に掛かるものは、人の心なのだ。

『うたの動物記』小池光、日本経済新聞出版社

（『読売新聞』二〇一一年九月一八日）

揺さぶり挑発する「言葉」

伊藤比呂美は、現代を代表する詩人のひとりだ。七〇年代後半から八〇年代にかけては、ブームともいえる現象を示した「女性詩」を先導する存在となる。「女性詩」ってなに、という声が聞こえそうなので、ひとことでまとめると、「女性の書き手」が身体的・生理的な感覚や日常への観察を前面へ押し出すようにして書いた詩のことだ。

現在ならば、この「女性」という語が観察の対象とされずには済まされないところだ。つまり、それは生物的な女性の意味なのか、書かれたものが女性的かどうかなんて、どうやって判断するのか、と。いまではカッコ付きでなければ違和感のある言葉「女性詩」。いずれにせよ、ジェンダーの問題を示しつつ、それは盛り上がりを見せた。伊藤比呂美は、だれも試みたことがなかったほどに即物的な方法で正面から性を描き、詩に(というより日本語の世界に)新たな側面をもたらすことになった。

『続・伊藤比呂美詩集』は、九〇年代からゼロ年代前半にかけての作品で構成されている。『のろとさにわ』(上野千鶴子との共著)、『わたしはあんじゅひめ子である』、『手・足・肉・体』(伊藤比呂美の詩と石内都の写真から成る本)、『ラヴソング』に未刊詩篇と散文をあわせて集成された一冊。「続」とは、八〇年代の詩を中心とする『伊藤比呂美詩集』（思潮社、一九八八年）につづけて、という意味での「続」だが、こちらから読みはじめてもその世界を堪能できる。

「女性詩」という語が風化し、文学のなかでの性の扱いも一般化・多様化した現在、本書に収められた詩はどのように見えるだろう。本書に収録されている作品は限られている。それでも、著者の試みを追うことはできる。いま読んでみて、こう思う。さまざまな括りの風化、一般化、多様化を経た現在だからこそいっそうあらわになる美点と引力はある、と。どんな括りも拒んだ次元で育ってきた言葉が浮かび上がる。

たとえば、言葉を疑い確かめるような言葉の身振り。「意味の虐待」という一編がある。「意味を剝がす／音が残る／それでもわたしたちは意味をさぐる。指をさしだせばそれを吸う新生児の原始反射」。著者が日本からポーランドへ、そしてアメリカへと移り住む過程で、言葉はさらに揺さぶりをかけられていく。平易な言葉が、行から行へ移る途上で、平易ではない顔を見せる。

また、たとえば「天王寺」という詩。「わたしたちは話しあっている／わたしたちはいつも話しあっている／わたしたちはいつもここから外へ出ることを話しあっている」。呪文のような、と評されることもある独特のうねり。差異をふくみつつ増殖していくかたちの反復。テンポから生まれる豊穣性。それは読む者のなかで、読んだ瞬間に再生される。

詩「ナシテ、モーネン」にはこうある。「耳から入って口から出て／そのまま消えてゆく言語はわたしのもの、／唾でぬらしてでも主張したいわたしのもの、」と。言葉が織り成すうねりに、絡みとられそうになりながら読んでいく。すると、足元がふつふつと煮え立ちはじめるのだ。そこには、声の芯みたいなものがある。モチーフやテーマや理屈と同じ地平（あるいはその手前）に存在する、声と質感の魅力。力強さ。伊藤比呂美の詩は、言葉そのものとの対峙を見せながら、眠るものを揺り起こし、挑発する。

『続・伊藤比呂美詩集』伊藤比呂美、思潮社

（『読売新聞』二〇一一年九月四日）

上海生まれ、伝統と退廃

もっと読んでみたいと思っても邦訳が少ないままの書き手がいる。張愛玲《チャンアイリン》（一九二〇－一九九五）はその一人だ。日本ではむしろ「傾城の恋」「赤い薔薇 白い薔薇」「ラスト、コーション」などの映画の原作者として知られている状況だろう。

張愛玲は、一九四〇年代前半の日本占領下の上海で小説を発表しはじめる。大家族の伝統と退廃、愛欲と金銭に翻弄される人物たち、冷徹な観察。本書は、この作家をめぐるさまざまな論考を収める。中国大陸では長く反共作家とされ批判されてきたが、改革開放路線がとられて以降、八〇年代中頃から読まれるようになった。台湾では六〇年代からひろく読者を獲得。香港でも愛読者が多いという。

過去と比べると現在は「情報開放の度合いが増すなど」の結果「改めて研究環境の激変を実感して」いると、著者は記す。過去の困難や時代の変遷をもそのまま反映するかのような、本書の構成。中国語圏には「張迷《チャンミー》」という語がある。張愛玲のファンの意味。日本でも、この先もっと紹介されてよい作家なのだ。

『張愛玲――愛と生と文学』池上貞子、東方書店
（『読売新聞』二〇一一年六月五日）

中台史の生き証人

北京と台北。いま、その双方に中華文化五〇〇〇年の粋を集めた故宮博物院が存在するのはなぜか。紫禁城を展示場とし清朝の文物を多く所蔵する北京故宮と、宋代を中心として特に評価の高い文物を収蔵する台北故宮。一九二五年の設立時には一つだった故宮が、日本の侵攻や国共内戦など歴史の荒波にのまれて分裂し、現在に至る過程を、新聞記者である著者が追いかける。刻一刻と変化する故宮の状況を、関係者の取材と怜悧な観察にもとづき、今後の展望をも含めて描く。最新にして最高の故宮レポートだ。

一九四九年、国民政府は共産党に対して劣勢となり、大陸から台湾へ撤退する。その前年から開始された故宮文物の台湾移送。喪失の危険を冒してまで文物に海を渡らせたのはなぜか。蔣介石の思惑と本音を求めて、著者は米国スタンフォード大学のフーバー研究所へ、公開が始まってまもない日記を読むために通う。著者の視線が蔣介石の筆跡のあいだを探っていく。

北京、上海、南京、重慶、南京、台中、台北と故宮の文物は流転の運命をたどる。移送の任務にあたり、一五年以上の移動をともにして台湾へ渡った職員を「老故宮」と呼ぶという。そのうち大陸へ戻るつもりだったのに、かなわずに残りの人生は台湾で。そうした人々への取材も、当時の状況と思いを伝えて、興味深い。

国民党と民進党。二大政党が入れ替わると故宮に関する政策も激変する台湾の政治情勢。二〇〇八年、国民党が政権をとってから急速に進んだ中台関係の改善と北京・台北の故宮の歩み寄り、さらには日本での台北故宮展開催への動きや、中国で白熱する海外流出文物の返還運動（国宝回流）についてなど、多角的な視座で、読みどころ満載だ。著者は双方の故宮を「歴史の生き証人であると同時に、中華世界の未来を見極める指標」とまとめる。博物館のすがたを通して中国と台湾が身近になる一冊。台北故宮の日本展も、実現する日を楽しみにしたい。

『ふたつの故宮博物院』野嶋剛、新潮社

（『読売新聞』二〇一一年八月二一日）

笑いと闇と表情筋

読んでいるあいだ中、読む者の表情筋を、びくりびくりと動かしつづけてやまない小説というものがある。思わず腹の底から笑ってしまう箇所もあるが、それだけではなく、文章が、言葉が、不可思議なレベルで身体に働きかけてくるような。それは一編の終わりまで持続する。途中で意識がそらされることはなく、おしまいまで運ばれる。町田康の小説はそういうものだ。本書は最新短編集。七編を収録。

「楠木正成」は、現代と中世が書物を介して烈しくまざり合う。鎌倉幕府を倒すにあたって功績のあった南朝の忠臣、楠木正成。「道理を通した挙げ句に、不条理な敗死・滅亡するというのは、くうっ、っていうか、格好いい、っていうか」、とにかく「俺」の心を揺さぶる。都では大宮人たちが「楠木を頼る気持ちをぐんぐん高め」たり「評価をぐんぐん低め」たりする。あっさり変貌する他人や世間の意見。踊る文章にさらっと織り込まれる観察は、笑わせ、そしてときおり、ひやりとさせる。濁りがない。

「一般の魔力」はタイトルが恐い。世の中で当たり前と受け取られがちな感覚や判断。平穏であるべきものとして、他人を排除しながら整えられていく暮らし。その裏に、いつでも存在するひずみ。小説の展開はそこへめりめりと食い込んでいく。目の前で、だが同時に遠くで、小説の一行一行によって糾弾されるものがある。「二倍」「尻の泉」や「先生との旅」も、足元がひっくり返されるという意味では、それぞれに味を異にしつつも通い合う迫力を宿す。欺き、欺かれることの驚きと哀しみと滑稽さ。

「先生との旅」に描かれる車窓からの眺め。それは「心に烏賊の腐臭が堆積していくような寒々しい景色」だ。油断すれば、世の中は目の中で次々とそんなふうに変わってしまいそうな、心に残る比喩だ。鞄から豚足を出して食べる先生は何者か。置き去りにされる感覚が爽快なのはなぜか。笑いと闇は比例して深まる。

『ゴランノスポン』町田康、新潮社
（『読売新聞』二〇一一年七月三一日）

自分なりの速度で生きる

志摩半島を望む町の崖の上に小屋を持ち、東京から「身を引きはがすようにして」やって来てはしばらくの時を過ごす。そんな暮らしをつづけてきた女性が主人公。だが、今回はこれまでとは少し違う。一年近くに及ぶ、長めの滞在だ。語り手「私」はそれを休暇と呼ぶのだが、パソコンを持ってきて仕事もしているし、地元の人たちとの関係も深まるし、単なる休暇というより、新たな生活の形成だ。東京を中心に生きてきた来し方を振り返り、今後は半島の方に比重をかける暮らしを選ぼうと考えはじめる。変わり目の時間に身を置く「私」を、季節の移ろいと自然の息吹が包みこむ。

風景や動植物をめぐる筆致は、行間にも深い呼吸があるようで、たっぷりとした歓びを届ける。「森には絶えず目には見えないものが漂っていた。たとえば青い風や、朝の薄い霧、どこからかたなびいてくる青白い煙」。とはいえ、著者は頼りなくユートピアを追いかけているわけではない。人のいるところには必ず、喜びも悲しみもあるのだ。山林で発見された白骨と事件と想像、すぐ隣りにあるひんやりした孤独の感触。もうこの世からいなくなった友人や恋人、年老いた母のこと。「私」はできる限りのことを引き受けている。だから、半島への思いを濃くすることも、田舎暮らしへの逃避ではない。「森の生活」を書いたヘンリー・D・ソローや、庭造りにいそしんだヘッセに言及しつつ「私」は述べる。「二十一世紀の都会の夜の光が嫌いではないし、都市生活の便利さを享受してきた。一方で原始のにおいを漂わせた夜の森も好きだ」と。両方の楽しみを知っていて「二つの磁場」から離れることができない、と。進んでは足元を見直す、この冷静さに魅力がある。知人が玄関先へぽんと置いていってくれるタケノコ、浜でいくらでも捕れる牡蠣やアサリ。おいしそう。自分なりの速度で生きることを自分自身に許す、これからを思案する小説だ。

『半島へ』稲葉真弓、講談社
（『読売新聞』二〇一一年六月二六日）

悩みと向き合う詩

いま、詩のアンソロジーの編集にかかわっている。ゆまに書房から刊行中の〈15歳の詩〉という全三巻から成るシリーズ。私が担当するのは、第三巻『なやむ』だ。他の二巻は『愛する』と『生きる』。

三つの動詞がタイトルになっている。なぜ悩むという言葉が選ばれたんですかと企画の段階で編集部に訊いた。一〇代半ばくらいの読者を対象とするので、その年代はいろいろ悩みを抱えているものだろうと考えた、とのことだった。

そこから始まり、改めて近代以降のさまざまな詩を読み直すことになった。悩むという言葉についてずっと考えていると、悩むとは結局どういうことなのか、むしろ、しだいに見えなくなってくる。内容や問題に大小や濃淡はあっても、日夜のほとんどの時間は何がしかの悩みと結びついている、と思えてくる。

これは言葉の凝視がもたらす錯覚だろうか。

辞書で悩むという語を引く。辞書でこの語を調べるのは初めてだと気づく。悩むという動詞が含むことのできる範囲は意外と広い。あの詩も入れられる。この詩も可能。あまり縛られることなく、選んでいった。

宮沢賢治「松の針」、萩原朔太郎「恋を恋する人」、中原中也「骨」などは、なるほど、と読者に思ってもらえるだろう。山村暮鳥「囈語《げいご》」や高橋新吉「皿」はどうか。まるで言葉自体が悩んでいるような詩だけれど。また、左川ちか「死の髯《ひげ》」や蔵原伸二郎「きつね」などはどうだろう。悩むというよりも、考えるという方向の詩だ。とはいえ、考えることも、頭を悩ませる意味に照らせば、悩むことから遠くはない。

そんなふうに進んでいった詩の選択。あれかこれか、あれもこれも、と悩む選択肢が数多くある。日本語の詩の蓄積は、質量ともに充実しているのだと振り返る機会にもなった。時代は言葉を脱ぎ捨てていく。けれど、ときには立ち止まり、蓄積を見ることも大事だと思う。そこにも出会いはあるからだ。

(『毎日新聞』二〇一三年一二月一〇日東京夕刊)

切手に見る戦後の日本

厳選された一〇〇種の切手を通して戦後の日本をふり返る。日本国憲法施行、東海道新幹線開通、東京オリンピック、大阪万博など大きな出来事があるたびに発行されてきた切手の数々。浮世絵や風景や動植物のモチーフなど、デザインや印刷面での苦心、工夫にも著者は迫る。豊富な図版、関連事項のコラムと年表。簡にして要を得た構成だ。

浮世絵「雨中湯帰り」の切手を買うために、発行日には徹夜組を含む八〇〇〇人が東京中央局に並んだという記録には驚く。昭和三四年、「東海道五十三次」の「桑名」の切手発行直前に、伊勢湾台風が襲来。被災し機能停止に陥った桑名郵便局がどのように事態に対応したかを知れば、一枚の切手の背景に心を打たれる。「イセエビ」の切手は、日本画のエビの絵が生物学的に不正確だと批判されたとか。

インターネットの普及に過日の大震災の影響も重なって、取り扱われる郵便物はさらに減少傾向にある。物としての切手は今後、どうなるのか。一枚ずつの世界は、のぞいてみればじつに奥深く、雄弁で、きらきらしていて楽しい。

『切手百撰——昭和戦後』内藤陽介、平凡社

（『読売新聞』二〇一一年五月二九日）

『古事記』神話と変形のプロセス

『古事記』神話は民間に伝わる神話をただ集めたものではない。それは通説だ。「日本」という「国家」を形成するために「高天の原」を中心とする垂直的な世界観に基づいて神々や世界の関係を書き替え作り直したものが『古事記』神話だという。本書はそのストーリーが抱える表裏、つまりいくつもの意味を、同時に捉えていく方法を採る。

ストーリーの二重性は「民間で一般的だった水平的な世界構造」を、いかに垂直的に組み替えるかに係わるものが多く「古事記の文脈が組み替えを行う作業場なのである」と著者は指摘。両義性、多義性はストーリーだけではなく事物にも表れる。たとえば「葦原の中つ国」の「葦原」は、これから拓かれるという意味で未開を意味すると同時に、始原と豊穣をも表す。スサノオによる出雲のオロチ退治は、退治であると同時にオロチを祭る行為ともなる。「古事記の物語は、変形のプロセスそのものをあらわしているのだ」。来年は『古事記』成立から一三〇〇年だ。「日本」や「日本語」のはじまりと切り離しがたい書物に、本書の論理はいきいきと迫る。

『古事記』神話の謎を解く——かくされた裏面』西條勉、中央公論新社

（『読売新聞』二〇一一年三月二七日）

#「楽」の向こうを見る

生きているとはどういうことだろう。眼前に生まれる無二の瞬間の連続が生の時間をかたちづくる。生きることを詩にして味わい、さらに生きては書いた詩人、山之口貘《やまのくちばく》（一九〇三―一九六三）。本書は、その詩と文章を堪能できる一冊。「座蒲団」は忘れがたい一編だ。自分が身を置いた場所と空気をありのままに見抜く。短いので全文を引用する。

「土の上には床がある／床の上には畳がある／畳の上にあるのが座蒲団でその上にあるのが楽といふ／楽の上にはなんにもないのであらうか／どうぞおしきなさいとすゝめられて／楽に坐つたさびしさよ／土の世界をはるかにみおろしてゐるやうに／住み馴れぬ世界がさびしいよ」

この詩の背景には、具体的な体験があるらしい。作者はこう記す。「就職の件で先輩の家を訪ねて、久し振りに座蒲団の上に坐ったのであった」と。就職の件であれば緊張と不安と期待が入りまじった気持ちだっただろう、などという説明をつけるならそれは凡庸で、作者の感受性はそんなところはあっさりと突き抜ける。座蒲団の楽な感触に、さびしさを見るのだから。

「住み馴れぬ世界」という言葉からは、さびしさの波紋がひろがる。つまり、この詩そのものから一歩二歩、離れる見方をもこの詩は糧としてもっている。たとえば、現代文明について。人類にとって、より便利なものが生み出されていく光景には、その場での明るさや希望とともに必ず、底の見えないさびしさがあるのではないか。いっそうの「楽」がもたらす輝かしさの中には、これまでの世界と別れるさびしさ、先の展開が読めない不気味さが常に含まれている。

「ぼくの経験によると、人間は生きていると、あっちもこっちもかゆいのである」と、作者。「座蒲団」についても「あの頃の生活のかゆさがおもい出されるのである」。後に、そう記している。生きていると、なんとかしなくてはならないことばかり。「バランスを求めるこころ」があって、それで詩を書く。山之口貘は自分にとっての詩をそのように捉えた。人類を揺らす言葉と文学の核心に触れて通り過ぎたのだ。

『山之口貘詩文集』山之口貘、講談社
(『読売新聞』二〇一一年五月一五日)

破綻通し完成する関係

こういうことは、あることだ。いまもどこかの町で、どこかの通りで起きている。そんなふうに思わせる。アイスランド出身の作家オラフ・オラフソンによる一二の短編を収めた本書は、愛の破綻、破局ばかりを描く。違和感、すれちがい、心変わり、誤解、裏切り、ぎこちない配慮。なぜ自分はその行動を選ぶのか。判然としない理屈にも、薄く光が当てられる。

たとえば「一月」。トマスは、一〇年前に別れたモーリーンがニューヨークに住んでいることを人づてに知る。再会の場で、モーリーンは打ちあける。「明日の朝、入院するの」。見舞いに行くといいながら、トマスがしたことは、早朝にホテルをチェックアウトし空港へ急ぐことだった。冷淡なようだが静かに納得を運んでくる、終わりの情景。抑制の手前で湧き上がる感情と展開を、簡潔な言葉がなぞっていく。

湖でのボートの転覆をきっかけに夫への不信感をつのらせ、短い言葉にのせて突きつける妻を描く「四月」。妻が、じつはレズビアンであり今後は恋人と暮らすと、夫に対してにわかに宣言。二人は家や家族を売る手続きを淡々と進めるが、とうとう夫の感情は爆発する。その混乱を捉える「五月」。見通しの立たない事業に手を出したり、オークションでおかしな彫刻を買ってしまう夫に振り回される妻の迷いを追う「九月」。著者は関係の破綻に、軽やかに焦点をしぼっていく。卵を割るように、さっぱりと割れ、余韻の奥には予期せぬ明るさもある。

登場人物たちは極力、衝突を避けようとする。表面的には修復不能なことなどまだ何も起こっていないように見える静かな摩擦の底に、爆発へ向かう動きがある。いつか噴火する火山にも似て、感情のマグマは、深いところでかたちを変えながら流れる。アイスランドの氷と火の風景は、人と人のあいだにもある。目に見えない冷たさ、そして熱さ。破綻と破局を通してようやく完成する関係もあるのだ。

『ヴァレンタインズ』オラフ・オラフソン、岩本正恵訳、白水社

（『読売新聞』二〇一一年五月八日）

近代化支えた女性の声

明治政府は近代化を目指すなかで、殖産政策の一環として官営工場を設立した。日本の主要な輸出品だった生糸を、洋式の器械で製糸する模範工場として、明治五（一八七二）年、群馬県に富岡製糸場が開設された。いまも、煉瓦造りの繰糸場や繭倉庫や宿舎などが、ほぼ当時のすがたで保存されている。外国人指導者に生き血を飲まれるとのデマがあって、当初、工女を集めることは困難だったという。そこで各府県から士族の娘などが中心となり働きに出ることになった。

本書は、明治六年の春、長野県松代から一五名とともに富岡へ出かけ、一年数カ月のあいだに製糸技術を習い覚えた和田（旧姓・横田）英の回想記だ。やがて英は長野県内に作られた製糸場の六工社で、後進の技術指導にあたった。

富岡への旅は徒歩の旅。鉄道はない。後におかしく回想する服装で出かける。父が戊辰戦争のとき新調した「黒ラシャの筒袖」に「義経袴」だ。松代を出発し、上田、追分、坂本を経て、三日ほど費やして到着。碓氷峠の名物の力餅がおいしかった。「富岡製糸場の御門前に参りました時は、実に夢かと思いますほど驚きました」。はじめて見る煉瓦造りの建物。

作業中、糸が切れないようにぶつぶつ祈っているとついに同僚から「あなたは毎日何を言っておいでなさるのです」とあやしまれる。製糸場へ大事な客人が訪問すれば、故郷の盆踊りを披露するようにと求められる。技術が身につき成果が上がることの喜び、誇り、充実感。

本書は、言葉や表現にこだわることで何かを見せようとするものではない。ただ、手のなかにある言葉の糸を操り、確かに辿ったひとつの人生の軌跡を織り出すのだ。だれにも、唯一の道筋がある。製糸場の工女というと、定着している悲惨なイメージが先行しがちだが、少なくとも創業当初は、労働の喜びや前向きな輝きと無縁ではなかったことを伝える文章。近代化の基礎を支えた一女性の声。なぜか懐かしい。

『富岡日記』和田英、みすず書房
（『読売新聞』二〇一一年四月一七日）

外部への無限の広がり

たとえば、電車で目に飛びこんできた広告。常識、という二文字が鉤括弧に入っている。なるほど、その広告の主張では覆されるべき常識なのだな、となんとなく嗅ぎ取る。毎日あちこちで視界をよこぎる括弧。「」『』〔〕〈〉〝〟。括弧とはなんだろう。現代の表記方法では、引用や会話文や書名などは通常、括弧に括られることが多い。週刊誌の見出しや現代思想に関連する文章にも頻出する。普段なら使わない箇所に使われても、見る側は、こめられた意味合いを漠然と感じ取る。符号として括弧はどんな働きをしているのか。疑問の土壌に考察が芽吹く。

日本語や他の言語での括弧のルーツを見渡し、それらは「人間精神に大きな影響を与えただろうと思われる」と述べる。括弧は、区切りや引用の箇所を示すことで、単に意味を解釈する手助けをするのではなくて、「意味生成そのものとなっている、という可能性」があるという。括弧は、囲まれた言葉の居場所を揺るがす。「ここではないどこか」へ目を向けるよう促す。言葉は、そこへ「投げかけられる」のだ。この働きを、著者は「投写」と呼ぶ。括られた言葉の受け手にとって、それは問いかけであり、謎かけとなる。この意味で、括弧を相互行為の一事例とする指摘は、腑に落ちる。読み進めるうちに、括弧の奥深さと引力に、自分自身が括られそうになる。

アフリカでの人類学のフィールドワークという経験も反映されている。ポストモダン的な時代区分の中での括弧を考えつつも、その枠内で結論をきれいにまとめてしまわないところが魅力的だ。括弧で区切られた部分は「いわば道具的に使われうるようになる」という。道具とはあるものを本来のすがたから切り離し別の形で使うものだ。著者はここに「外部への無限の広がり」を見る。つまり「非限定性と呼ぶべき性質への契機」を。限定が解放でもあるような次元だろうか。符号のひらく未知の領域に、しばし酔わされる。

『括弧の意味論』木村大治、NTT出版
（『読売新聞』二〇一一年三月二〇日）

西洋翻訳文学の変容

結論や展望に至る論ではない。話題を散在させて眺める。眺めることに意味のある現状が、いま目の前にあるからだ。著者は、ドイツ文学を軸として、西洋翻訳文学全般の日本における文化的意義の変容を考える。「相当な量のドイツ文学の翻訳が出版され、何よりそれなりに愛されていたということのほうが異常な事態でした」と指摘。そういわれると一瞬、翻訳文学のある身近な景色が後退する。「異常な事態の成立」を支えていたものが数えられていく。

たとえば、ものを書きはしないけれど文学書を愛読する理科系青年。旧制高校、東大・京大の変化。一九七〇年代、文学全集的な翻訳小説があまり読まれなくなっていった一方で、ヘッセの『デミアン』の主人公のような悩み多き少年が少女漫画のなかに入ってきたこと。西洋文学の受容を支えていた要素としての、師への尊敬、共有可能な読書体験など。日本の文学や文化に貢献してきた「西洋語教師」という「制度」が失われてきたことへの嘆きが積まれる。

第一章の「国文学研究」の成立に関する箇所は、興味深い。一九〇〇年にドイツへ留学した芳賀矢一が、やがて日本の「国文学研究」にもちこんだものは、文献学の方法と「学問性」へのこだわり、さらに「自分で自分のことをテーマにする態度」（つまり「国学」とは何かを追究すること）だったという。「この伝統はいまでも生きているようです」と、日本での日本文学研究と外国文学研究の差異をさらりと突く。

あとがきで著者は気づく。考えてみたかったのは「大衆化」の問題だったと。読書、高等教育、学術研究、出版、それぞれの大衆化。そこから生じた恩寵と課題。「大衆化」された文学でこそ「教養教育としての文学の力が発揮されるのではないか」。文学を取り巻く状況の変遷を西洋翻訳文学の立場から語ればこうなる、という見取り図。振り返ることから導き出される糸口を、本書は読者の前にあかるく並べる。

『失われたものを数えて――書物愛憎』高田里恵子、河出書房新社
（『読売新聞』二〇一一年二月二七日）

アメリカ生まれの詩人の視点

日本でアメリカン・コーヒーといえば薄めのコーヒーを指す。「アメリカン」という語の使用法をひろげ、ラーメンの薄めの汁をアメリカンと呼ぶ中華料理店があるそうだ。アメリカ出身の著者は、日本で暮らすなかで出会う出来事や言葉を、驚きと慈しみに満ちた視線で捉えていく。

詩からアメリカ先住民の子守歌、青森の方言、氷河、田植え、謡曲、豆腐のにがり、旅のこと、そして日米関係へも話題は及ぶ。「批判こそがぼくの愛国心の表われ」と、アメリカの軍事を睨む言葉もちらりと出現。とはいえ、このエッセイ集のすばらしさは、内容というよりも、内容と不可分の文章そのものの力にある。一つ一つの言葉と著者との距離感に、信頼できる清潔さがある。さっぱりしていると同時に、ふくよかだ。

冬、青森港の埠頭から海へ次々と雪が捨てられるところを目にして著者はこう書く。「海は、頭が痛くはならないのかと、ふと思う。夏に自分が青森の合浦《がっぽ》公園で、かき氷を一気にかき込んだときの、あの頭痛がよみがえって」。強く、しなやかなエッセイ集。

『亜米利加ニモ負ケズ』アーサー・ビナード、日本経済新聞出版社

（『読売新聞』二〇一一年二月二〇日）

文法から考える時間の表現

現在、「た」一つに比重がかかる時間を表す助動辞は、古文では〈き、けり、つ、ぬ、たり、り〉の六種、数え方によっては八種あった。たとえば「けり」は、過去の事象が現在へ流れこむ時間を映す。文法的に見るならば、いまよりもこまやかに表現されていたのだ。本書は時間の表現を掘り起こし、現代を考える。

著者の専門の古代文学から用例が引かれ、検討される。元来『源氏物語』をはじめ日本語の物語文学は〈非過去〉の時制になじんできた。近代、言文一致が進む中で生じた「た」への傾きは結局「過去時制の優勢化」だと著者は指摘。「近代や現代での文体を創る苦心とは、それら喪われた複数の時間を復元する努力だと知られる」。アクセントの分布や音数律、アイヌ語の時制や人称へも話題はひろがる。

言文一致のはての多様な文末形式を念頭に考察が積まれる。射程距離は最終的に現代の詩へ及ぶ。詩の改行の祖形を連歌に求め、さらに近・現代詩の改行の意味へと迫る。学者の知見と詩人の直感の、たぐい稀なる融合。何度も読み返したい。

『日本語と時間――〈時の文法〉をたどる』藤井貞和、岩波書店
（『読売新聞』二〇一一年一月二三日）

言葉と遊ぶ授業

島根県の美郷町は、邑智《おおち》町と大和村が合併してできた町だ。この街にある邑智小学校は二〇〇四年、六つの学校がまとまって開校した。過疎や限界集落などの問題を抱える地域だが、山も川もあり、自然環境は抜群。本書は、ジェイムズ・ジョイスやロアルド・ダールの翻訳で知られる翻訳家の柳瀬尚紀が、この学校で言葉についての授業をおこなった記録だ。

生徒は六年生、一六人。一クラスのみの学年だ。この授業が実現した背景に、ひとりで書店(店舗はなく、車で本を運ぶ)を経営する女性のアイデアと協力がある。そして担任の先生の実行力がある。子どもたちが大事にされ、期待されている空気が伝わってくる。学校の名前を取りこんだ言葉遊びや、自作のいろは歌など、目の前でくりひろげられる言葉の奇蹟、軌跡。

ひらがなの「あ」は「安」、「い」は「以」から作り出されたこと。美郷町の町名にも含まれている漢字の「美」は、もともと太って大きな羊を意味したこと。辞書を引けばすぐに出てくる基本的な事柄が、著者の手にかかると新しい手品のようにぱっと開花する。「言葉は天才だから、いろんなことができる」と、子どもたちの興味を次々に引き出し、受け止めていく。

「言葉というのは、物のような重さはありませんし、手に取って見ることもできません。でも言葉は、物が体にぶつかったのと同じような働きもしてしまうものなのです」。まっすぐ語られる基本的なことこそ面白いのだ。それをする人、できる人は、少ないのかもしれない。

生徒の質問。「今までで一番楽しかったことは何ですか?」。柳瀬先生の答え。「今までで一番楽しかったことは今ですね」。「えーっ」。言葉はいつも動いている。生きている人間とともに動いている。だから「今」なのだ。言葉とも人とも出会い、別れていく。それぞれそれを大切にしたい。それゆえの「今ですね」。言葉で遊ぶ。言葉と遊ぶ。なんてすてきな授業だろう。

『日本語ほど面白いものはない――邑智小学校六年一組特別授業』柳瀬尚紀、新潮社

(『読売新聞』二〇一一年一月三〇日)

光をめぐって

冬至に近づくこの時期が好きだ。夜が日に日に長くなる。冬枯れの林をばちばちと燃やすかのように太陽は落ちる。隠れる。一年のサイクルの過ごし方も、サイズも寿命も棲《す》みかも異なるさまざまな生きものたちが、みな同様に、光の不足を感じ、動きを減らしてじっとする。丸くなる。うずくまる。眠る。

この秋に亡くなった詩人の飯島耕一に『ゴヤのファースト・ネームは』（青土社）という詩集がある。そのなかに「一人の男が死ぬということは／その男の内部の光が死ぬ／ということだ。」という言葉がある。一切に興味を持てなくなる極度の鬱状態を経験した作者は、仮死のような状態から来る苦痛を経て、やがて光を取り戻す。ここに出てくるゴヤとは、スペインの画家、フランシスコ・デ・ゴヤのこと。

「ゴヤのいた時間が／みずみずしく感じられれば、／きみの内部に　ゴヤが生き出すのだ。／きみは　また／時間を味わう　ということを／知りはじめた」。連続する闇を切り裂くように、はっとひらめく光。その実感が、眠りこんでいたものを呼びさまし、失われていた時間の感覚をよみがえらせた。たとえだとしても、こうした死と再生の構図は、生きる者にとってなんとなくわかる実感だ。

荒川洋治の『文学のことば』（岩波書店）に「知るという風景」という文章が収められている。「いま多くの人が、自分以外の世界に関心を示さないのは、自己愛が過剰なのではなく、自己愛が足りないからである」。死角を暴くような、驚きの理屈が展開される。

「ゴヤのファースト・ネーム」を知りたいという気持ちは「自己愛を成しとげられるなかで、めばえるのだと思う」という。つまり、どんな物事であれ、自分に引き寄せて感じられるかどうかで、関心の度合いが決まるということだろう。視界とはなんだろうか。冬至はもうすぐ。光を求めて、生きものたちはそれぞれの時間を生きる。

（『毎日新聞』二〇一三年一二月一七日東京夕刊）

獰猛なまでの美しさ

ページをめくるたびに、息をのむ。なんという多様なかたちと構造なのだろう。最先端技術の走査型電子顕微鏡が、生物の世界を新たにひらく。猫のひげは、暗い浪をたてる海面。ガの口は、緊密なつくりをもつ螺旋階段。サクラソウの花びらは、毛糸の三角帽子のような山脈に覆われている。ハエの複眼は赤いドーム、タランチュラの体毛は、天を指す針葉樹林。

本書の拡大写真が見る者のからだの芯を打つほどに衝撃的なのは、写された対象がこれまでも、そばに確かにあった世界だからだ。あったのに、見えなかった。知らなかった。ここには遠い星の発見と同様の感激がつまっている。

人間が知覚する世界は、人間のからだのサイズをもとにした世界だ。実際には、それよりも大きなものや小さなものに、囲まれて、生きている。いつも目の前にあると同時に、ひっそりと隠されてもいるこの事実を、本書は正面から突きつける。さあどうぞ、受け取って、と。

図版はウサギの舌。舌はものを食べるためだけに使われる器官ではない。毛づくろいのための突起が並ぶ。舌という筋肉の組織が、存在することそのものによって描く抽象画。眺めていると、これが舌だという事実は後退し、獰猛なまでの美しさに吸いこまれる。この世はいつでも、どの瞬間も、新鮮だ。

『ナノ・スケール――生物の世界』リチャード・ジョーンズ、梶山あゆみ訳、河出書房新社

（『読売新聞』二〇一一年一二月一九日）

現実と口承を重ねる旅

人々にとってたいせつな歌が、口承文芸として伝わる地を、主人公「あなた」は訪れる。オーストラリア先住民・アボリジニの「夢の歌」と同じように、古くから口伝えで伝えられてきた歌が各地にある。たとえば、キルギスのマナス、新疆《しんきょう》ウイグル・オイラト族のジャンガル、モンゴルのゲセル、アイヌのユカラなど。主人公は「男の子」が「英雄」として活躍する叙事詩に深くひかれて、口承文芸にまつわる地を旅する。現実の時間と伝承の時間との狭間を、繰り返しのぞきこむ。遠くて、なつかしいものたちを、心の奥で抱きしめる小説だ。

伝承を追う旅をともにする人たちは、五〇を過ぎて父親になるウルビュさん、運転手のチャリクさん、二〇代半ばのチョルポン嬢など。それぞれの人生、日々の暮らしの悩みは、旅の途上でぽつりと語られ、重ね合わされていく。主人公には、幼い息子を亡くした経験がある。だれもが、自分の負うべきものを負っていくほかない。あくせくしているうちに過ぎていく、ひとりひとりの時間のかたわらに、いつも「夢の歌」が流れているのだ。というより、「夢の歌」のなかに、ひとりひとりの時間が溶けこんでいるといったほうがよいかもしれない。

小説のなかの現在を描くと同時に、それとは別の時間に属しているともいえる伝承の世界を描こうとする傾きに、この小説の美質はある。そうした異なる材質に見えるものを、出会わせる場所が、主人公「あなた」なのだといえる。なぜ、人間は歌い、物語を語り、文字に記録されてもされなくても、それらを伝えてきたのか。根源的な疑問が本書の背景をそっと支える。

「夢は消える。けれど、消えることで、夢のかがやきは生き残る」。現在という地表だけではなく、伝承という厚く重なった地層をもやわらかく眺めつつ書かれた小説。かっちりとした結構の代わりに、ゆりかごを思わせる揺らぎがある。人はいつでも、歌を伝える場所そのものだ。

『黄金の夢の歌』津島佑子、講談社
(『読売新聞』二〇一〇年一二月一二日)

枯淡とユーモア

森鷗外の子どもといえばまず作家となった長女の森茉莉を思い浮かべる人が多いだろう。於菟《おと》は長男。医学の道へ進み、解剖学者となった。その随筆を集成したものが本書だ。

表題作からは、長く肉体を見つめてきた人の、明るくも暗くもない死生観がうかがえる。「つらつら思うに人生はただ形象のたわむれにすぎない」。当時、七二歳。「この調子では死ですら越えて夢見そうである」と語る。「若者たちよ、諸君が見ているものは人生ではない、それは諸君の生理であり、血であり、増殖する細胞なのだ」。薄明へ溶けようとする意識が、余計な重みをかけない言葉で淡々となぞられていく。

半熟卵が好物と述べて、もう少し複雑な味の半熟卵があったらと夢想する。鷗外がたて、家族で暮らした観潮楼の思い出。そこを維持するために人に貸し、情けない思いをしたこと。著者が台北滞在中に火災で焼失したこと。やがて、その跡へ詩壁が作られ、鷗外記念図書室ができるまでを、さらに追記のかたちで記す。鷗外の死は、その当時は伏せられていたことだが肺結核によるものだという。周囲に病名を明かさず黙々と仕事に邁進した人の寂しさが、於菟という鏡に、ひかえめに映る。

枯淡の境地。単に枯れているというのとは、ちがう。あくまでも冷静な判断と選択を求められる解剖の現場から、そのまま持ってきたような視線と、言葉への態度。「ああおそろしき哉、ジャーナリズム」と生きている人間への恐怖ともはや生きていない人々に対する愛着を語る。ユーモアもこめて。逆説的にも聞こえるが、それらはすべて、著者の人間への関心と静かな情熱を示す。

言葉を撫でるが、撫で過ぎない。そしてその指先を、肉体と生の向こう側へ伸ばしていく。「ただ人生を茫漠たる一場の夢と観じて死にたいのだ」と。どこまでも、自分の面倒を見られた人だったのだ。人見知りの解剖学者が紡いだ言葉は、正直で清潔な表情を、ふらりと見せる。

『耄碌寸前』森於菟、みすず書房
（『読売新聞』二〇一〇年一一月七日）

個人の生に起こる奇跡

現代のもっとも優れた短編作家のひとりといわれるウィリアム・トレヴァーの一二編を収める。タイトルが告げるように、本書は、作者の生地アイルランドを舞台とする作品から成る。

アイルランド独立戦争とその後の分裂、北と南の紛争、プロテスタントとカトリックの対立など、登場人物たちの背景に立ちこめる霧は濃く、そして重たく、払いがたい。だからこそ作者は、個人の生に起こる奇跡のようなものを捉えて、読者の正面にぽんと置く。人の心にはどんなことが起きるのか、時間のもたらす変化と赦しとはなにか。冷静で揺るぎない観察が、登場人物たちの生を彫り出していく。

「アトラクタ」は、内戦のときに両親を誤って殺された少女アトラクタのその後を描く。親切な男女がじつはその事件に係わっていたと知り、驚く。長じて小学校の教師になるが、ある出来事をきっかけに「怪物がいつまでも怪物であり続けるわけではない」と、子どもたちに伝えようとする。そして、遠回しに退職を勧められる結果を招く。「哀悼」は、ロンドンでテロに加担しかけて思いとどまる男の内面の変化を追う。「自分の恐怖心がなぜ、薄っぺらな勇気が出しゃばるのを許してしまったのか考えた」。

イングランドからアイルランドへ久しぶりに帰郷した娘が、父親に恋人を紹介する「秋の日射し」。アイルランドの歴史と苦闘に、並々ならぬ関心を寄せるその男から、父親は不穏な空気を嗅ぎとる。気に入らないのは、娘の恋人だからか、それとも残虐な行為をたくらむ革命家にちがいないからなのか。父親はひとり悩む。

ある女性と神父がピアノのレッスンを口実にして少年を欺きつづける「音楽」。男性から金銭を巻き上げることを繰り返す女性に、穏やかな変化が訪れる「見込み薄」。ときにユーモアが文章の流れをくすぐる。トレヴァーの短編は、読者の心を、はじめから終わりまできっちり運んでいく。すばらしい短編集だ。

『アイルランド・ストーリーズ』ウィリアム・トレヴァー、栩木伸明訳、国書刊行会

（『読売新聞』二〇一〇年一〇月三日）

過去と現在のあいだで

医療にたずさわり、激務から心身ともに疲弊して追いこまれた過去をもつ「わたし」は、生きながらえ、初老のときを迎える。かつて医師の仕事を通して係わった先生、後輩、医療現場の人たち。表情を変えていく山々や、言葉をもたない草木。本書は、交錯する過去と現在のあいだで、ふと立ちつくす主人公を描いた三編を収録する。低くさまよう視線が、ときおり山々の頂上を探すように、持ち上げられていく。生きのびるとは、そういう視線を持つことかもしれない。浮薄なところのない文章がとどけるものは、堅苦しさではなく、心地よさだ。

「熊出没注意」は、後輩の墓参りに行くたびに道に迷う主人公の、うっすらとした後ろめたさを掬い取る。神経衰弱になり病棟責任者の仕事を辞した自分の後任として働いた「彼」は、町の開業医になるという本来の希望をかなえられないまま逝った。自分のせいでもあると主人公は思うのだ。登山の途中で、妻を見失う。熊に遭遇したのではないか。「いたものが、いなくなる。いなくなったものが、いる。身近に起きる出来事は単純明快なほど、みぞおちに強烈な膝蹴りをくらったみたいにからだの芯にこたえる」。

神経の起伏を精確に追う文章。

表題作は、田んぼの十字路で出会った女からもらったあさがおの種を育てる「わたし」の日々を描く。いまは亡き医師の先生が育てていたものだと聞かされ、まいてみる。芽を出し、育っていく。思い出もするすると蔓を伸ばす。「あなたはぼくが苦労知らずで育ったと思っておられるようですが、どんな家のクローゼットにも骸骨のひとつくらい隠れてるもんさっていう格言、知ってますか」と、先生が静かに立ち去った場面など、主人公はなつかしさとともに思い起こす。でも、ほんとうにあの先生のことなのか。浅間山、八ヶ岳、信州の風景。記憶は揺らぐ。危うさともろさを重ねた先に一輪のあさがお。ほろ苦い足音を低く響かせる小説集だ。

『先生のあさがお』南木佳士、文藝春秋

(『読売新聞』二〇一〇年九月一九日)

ずれから生まれる対話

作家である語り手「わたし」は、取材のためにドイツのプロテスタントの修道院を訪れる。黒衣に身を包み、俗世とは切り離された静かな祈りの生活を送っている人たちだろう、という予想はくつがえされる。仕事、結婚、育児、離婚などを経て、第二の人生をともに歩む熟年の女性たち。それぞれの過去を過去として胸に保ちつつ、友情を育て、おしゃべりに興じ、距離感を測りながら関係図を書き換えていく。

尼僧たちの噂話の中心は、就任してから一年ほどで出ていった尼僧院長のこと。旧知の弓道の先生と、駆け落ちしたのだった。憶測や想像をまじえる対話のなかから、尼僧たちの経歴や考え方も立ちのぼる。「わたしは人が警戒しないで何でも話してくれるのを聞いているのが何より好きだった」。噛み合うことばかりが対話ではないのだ。ずれながら、崩されながら生まれる対話の面白さが、目に吸いついてくる。

たえず揺れ、かたちを変えていく関係と距離を、作者は抜群の語感と骨太のユーモアで切り取る。ストーリーの魅力だけでなく、言葉そのものの魅力が、あちらこちらでぱらりと花開く。たとえば「こちらに背中を向けて腹を嘗めている猫のような古い墓石を窓から眺めていた」という箇所など、幾度も目で嘗めたくなる。

本書の第二部は、ある日カリフォルニアの書店で、修道院を描いた小説を見つける別の「わたし」が語り手となる。「わたしたち二人のからだは有機的にくっついてしまった」。これは「わたし」の物語だ、という発見。第一部には現れない背景が浮かび上がる。遅れてきた遠景が、物語の全体図に重なり、視界のなかで育つ。

見る人、語る人によって微妙にずれていく認識と言葉の世界を、作者はきれいに整え過ぎない手法にのせて届ける。読者は、ざっくりとした二部構成の溝に沈んで、そのあいだを走る距離と時間の川に身を任せればよい。小説を読むよろこび。それは、言葉を読むよろこびだ。

『尼僧とキューピッドの弓』多和田葉子、講談社
(『読売新聞』二〇一〇年八月二九日)

詩の顔　導き出す対話

詩人の谷川俊太郎が、自身の詩集と詩について、信頼する編集者の山田馨に向かって語る。未発表の詩や『二十億光年の孤独』『六十二のソネット』等初期の詩集にはじまり、最近の『トロムソコラージュ』などまで、ふたりの対話は年代を追うかたちで進められていく。三四冊の詩集から、八八編の作品を収録。これにより、対話だけでなく、作品そのものを読んで楽しめる構成となっている。

詩についてはもちろんのこと、作品の背景、執筆時の生活や心境へも、話題は及ぶ。作者が説明すれば大事なものが失われてしまうこともある詩について、どのように語られているのか。しかも、実生活との関連を含めるかたちでの対話。おそるおそる繙く。繙いてみれば、ファンであり友人でもあるという編集者の、話題への踏みこみ方は終始、おだやかだ。思いがけない方向へ斬りこむような展開の代わりに、ここにあるのは、作者の詩とその周辺を、見つめつづけてきた読者としての深い敬愛の情だ。

「ぼくはね、わりと最近気づいたんだけれど、自分の詩の源が、ことばにはないっていうことがわかってきたんですよ」。自然や音楽、毎日の暮らしのなかに詩の源を見てきた、と作者はつづける。詩を読むとき、読者に届くものは「ことばのもっている波動」だ、と。聞き手の編集者は、児童書に携わってきた人だけあって、ひらがなのみで書かれた詩や、子ども向けの詩の価値を語る場面では、とくに熱が入る。焦点が合う。子どものころに読んで楽しかった作者の詩の数々を、思い出させてくれる。
六〇年、書きつづけてきた谷川俊太郎。絶えず変化をつづけて現在に至るその世界はいつもアイデアに満ちている。「私は立ち止まらないよ」という詩の一行が鳴り響く。詩は、どのように読んでもかまわないのだ。詩の顔、作者の顔を書き出そうとする本書の対話は、シンプルで奥行きのある世界を、のびのびと描き出す。

『ぼくはこうやって詩を書いてきた――谷川俊太郎、詩と人生を語る』
谷川俊太郎／山田馨、ナナロク社
（『読売新聞』二〇一〇年七月二五日）

藤村のいろはかるた

今年も残すところあと一週間となった。正月ならではの遊びは、もはや昔のものだろうか。羽根突き、凧あげ、福笑い、かるた遊び。思い浮かべると、なんとなく楽しくなる。

島崎藤村が言葉を書いた「藤村いろはかるた」というものがある。子ども向けに作られたかるただけれど、大人の日にも、あれ、と新鮮に映る視線がある内容だ。『若菜集』や『破戒』や『夜明け前』を書いたあの藤村にこんな作もあるのかと、かすかな驚きが舞い降りてくる。

いくつか引用する。たとえば「い」は「犬も道を知る」。人も犬も、ということだろうか。「に」は「鶏のおはやうも三度」。限度があるという意味か。「ほ」は「星まで高く飛べ」。藤村らしい感じだ。新しい詩歌を切りひらこうとした藤村の情熱を暗示する印象があって。「り」は「林檎に目鼻」。なるほど、と納得。林檎に目鼻を描いたことはない。それでも納得。

もう少し引こう。「を」は「丘のやうに古い」。なんだかすてきだ。山も川もそして丘も、人よりずっと古いのだ。のびのびとした印象。「わ」は「わからず屋につける薬はないか」。疑問形だからおもしろい。「ない」と終止形だったら、うなだれてしまいそう。「な」は「なんにも知らない馬鹿／何もかも知つてゐる馬鹿」。両極端をいさめる感じか。「く」は「草も餅になる」。確かに。「も」は「持ちつ持たれつ」。長編をいくつも書いた作者だが、世間をこんなひと言で括る視線も持ち合わせていたということか。

意外な印象とともに、あたたかな余韻がやってくる。遊びのためにこれらの言葉を考えるとき、藤村が、少なくともあたたかいものであろうとしたその余韻が伝わってくる、といえばいいだろうか。「け」は「決心一つ」。「ふ」は「不思議な御縁」。単純だけれど、藤村が選んだ言葉なのだなと思う。来る年もまた言葉とともに歩もう。


（『毎日新聞』二〇一三年一二月二四日東京夕刊）

多様な味わい伝える

近くの公園の事務所に、だれでも自由に書いてよいホワイトボードがある。そこに、毎日のように漢詩を記す人がいる。返り点を付した漢詩、そして読み下し。周囲の風景が見慣れない漢語にのせられ、未知の景に変換されている。身近な漢文というと、このことが浮かぶ。

齋藤希史『漢文スタイル』は、中国文学、比較文学の研究者による、幅ひろい視野が魅力を放つエッセイ集だ。現代では、みずから選んで接近しない限り親密な関係を結びにくい漢文。だが、本書は、近づきやすい入り口をいくつも備えている。「北京八景」は、北京の街にまつわる言葉から、芥川龍之介、老舎、清朝最後の皇帝・溥儀、魯迅などを語る。また、クレーン車のクレーンは英単語の鶴だと気づいたときの驚きから書き起こされ、黄色の鶴へ、盛唐の崔顥《さいこう》による詩「黄鶴楼」へと話題が展開する一編「黄色い鶴」なども、読んでいて愉しい。

漢字の羅列による漢詩文は、複数の訓読・訳読の可能性をもつ。それは「多義性という概念すらゆるがすようなずれを生む」。漢詩文の「宿命」であり「生命」でもあるような、ずれ。「日本では、近世から近代にかけて漢学が教育のベースとなり、日常言語とは異なる読み書きの世界を形成した」。そして明治期、思想の担い手たちは「漢学の素養を蓄えた人々」だった。漢詩文の読み書きが、そうした人々の「主体」の成り立ちの上でどのように作用したかを考えることも必要だと、著者は指摘する。たとえば、漢詩をふくむ漢文で書かれている森鷗外の日録『航西日誌』。近代化の過程と、当時の人々の旅が、鋭く、やわらかく描かれる。

漢文脈と和文脈。漢学と和学。そんな二項対立に絡めとられる手前のところにいっそう豊かな視座があることを、本書は幾度も語る。文章はゆったりしているが、その内側を行き来する目線には、弾力と速度がある。漢詩文からひろがる世界の、多様な味わいを伝える本だ。

『漢文スタイル』齋藤希史、羽鳥書店
(『読売新聞』二〇一〇年六月二〇日)

生の開花を映して

旧ソ連の政治体制下で、一九五八年、ノーベル賞辞退を余儀なくされた詩人パステルナークは、詩とともに散文作品も書きつづけた。没後五〇年にあたる今年、ふたたび手に取りやすいかたちで刊行された一冊が本書だ。リルケの『マルテの手記』になぞらえられることもあるこの作品は、生のなかに沈む死、生の開花の慄きを、単に説明的に進行することを避ける文章で描き出す。

主人公ジェーニャ・リュヴェルスは、少女であるという意味において心身ともに揺れやすい時間のなかに置かれている。河の向こう岸の「モトヴィリハ」が工場だと知れば、どんな場所なのかと、事実と夢想のあいだへ思いの指先を這わせる。「いちばん重要で、入り用で、気懸りなことは、一人でつつみ隠したのである」。初潮を迎えて驚き、家庭教師や母の眼から隠そうとする場面は、生の神秘をジェーニャに注ぎこむ。それは罪の意識とも連動し、この少女の心を静かに成長させていく。心は、見えはしない。けれども確実に動く。

少女が、実際に会うことはないけれど、たまたますがたを眼にして、心に密かに住まわせることになる人物、ツヴェトコフ。足の悪いこの男は、聖なるものの象徴のように出現する。文章の上では、さりげない造型だが、もっとも重い存在感を与えられている。この男を、少女の母を乗せた車が轢き殺してしまう。事故の衝撃で母は流産する。作中で、性と死はどんな説明も与えられないまま手を差し伸べ合い、結びつく。その空気のなかを少女は歩かされる。生の神秘そのものの力によって。

「ジェーニャは、まもなく夜明けが近いかどうか見ようとしてマッチを擦った」。作者は出来事を暗示として使う。少女の日常や成長を描きつつも常に意識されているものは、背後にある自然や人知を超えたものの気配だ。作者の感覚と認識は、残酷なほどに澄んでいる鏡だ。その言葉にふれる者を映し、絡めとり、生の深みへと誘いこむ。

『リュヴェルスの少女時代』ボリース・パステルナーク、工藤正廣訳、未知谷

(『読売新聞』二〇一〇年六月六日)

過去から現在への旅路

アメリカ文学者、翻訳家として活躍する柴田元幸による旅のエッセイ集だ。とはいえ、ここで描かれるものは、単なる観光の旅ではない。工場地帯が見える土地で野球をして遊んだ少年時代、漫画ばかり読んでいた中学生のころ、大学を半年ほど休学してロンドンで暮らしたときのこと、仕事で訪れるアメリカ、アメリカから来日した作家を案内してふたたび歩いてみる自分の育った土地。過去から現在へとつづくこの旅路は、著者の足跡そのものでもある。

ときおり、現在の著者の前に、過去の著者がふらりと現れる。影や亡霊のように。そうして互いに、受け入れてよいものかどうか、相手のようすをうかがうのだ。異なる時間、過ぎ去った時間との交差が、新たな現在を編み出す。著者はそれを、優しすぎることも厳しすぎることもない目線で見つめる。この距離感はなんだろう。どんな物事に対する場合でも、距離をよい具合に保つには、それを支えるだけの柔軟さとねばり強さが要る。本書を読んでいると、著者の柔らかさと強さが伝わってくる。距離についての感性は、翻訳家として、言語と言語のあいだで繰りひろげられる緊張関係に絶えず身を置いている経験から来るものではないだろうか。

著者によって翻訳されている作家ポール・オースターやスチュアート・ダイベックとの対話なども興味深いけれど、いっそう心に刻まれたことは、著者が東大生のとき受講したアメリカ文学者・大橋健三郎についての感想だ。「聞いていて、この人にとっては小説というものが真剣に考えるに値するものなのだと思えたし、自分にとってもそうなったらいいなと思わされた」。文学を伝えたり、伝えられたりするときに、これ以上に大切なことがあるだろうか。なんでもないことのようだが、どこにでもある光景ではない。切なさとユーモアを湛えた本書の文章は、すっきりとしていて愉快だ。曇り空の日々を描いても、からりと晴れている。

『ケンブリッジ・サーカス』柴田元幸、スイッチパブリッシング

（『読売新聞』二〇一〇年五月一六日）

行き場のない淡い恋情

七〇代の男女のあいだに湧き上がる、行き場のない、淡い恋情を捉えた小説だ。妻をなくして一人暮らしをつづける嶺村浩平と、夫をなくした後、息子夫婦や孫と生活する稲垣重子は、大学時代のゼミの同期生。友人の葬儀で計らずも再会したことをきっかけに二人の距離は縮まる。手紙から電話へ、やがて携帯電話へと、通信手段は移っていく。携帯電話をもつ決心をした浩平が、重子とやりとりをしたいという目的は伏せたまま、自分の娘に頼んで手続きと電話機の購入をし、使い方を覚えていくすがたには、ひたひたと心にとどくリアリティーがある。

互いの家族に気兼ねしながら、ひっそりと交わされていく思いは、それゆえのこまやかさを保ったまま、流れていく。若い人々の恋愛ではない。とはいえ、年齢とは無関係な、恋の芯ともいうべきものがここにはあり、現在を輝かせる。なくなりそうで、けれどもつづいていく時間を前に、深く踏みこむことをためらいながら二人はおずおずと気持ちを送り合う。寂しさ、優しさ、いたわり、過去のキス、いまのキス。

浩平は訊ねる。「行き止りの感じに襲われることはない？」と。重子は、生きている途中で終わりが来るのだから、全部途中なんだと思っている、と応じる。道で拾ってコップにさしておいたら思いがけず生長した葡萄の枝。浩平はそれを鉢から庭の土へ移す。育っていくのか、それとも枯れるか。葡萄の枝には、来し方行く末をぼんやり眺める浩平の内面が映される。

息子の海外転勤によって、遠くの老人ホームへの入所を決める重子。打ち明けられても、浩平は反対できない。双方とも胸に渦巻くものを飲みこんで、離れていくほかない。こんなにも配慮と遠慮に満ちていて、いいのだろうか。これが常識というものなのだろうと、小説の世界であることも忘れて思う。寸分の無駄もない文章と展開に、溶かしこまれた人々の思いは烈しく、頼りない。揺れながら、互いを映し出す。

『高く手を振る日』黒井千次、新潮社

（『読売新聞』二〇一〇年五月二日）

夢と寝覚めの感触

ひとりの作家が、同様のモチーフを繰り返し書きつづけるとき、読者の前に現れてくるものはなんだろう。既視感か、それとも凝縮され濃度が高められたモチーフの輪郭だろうか。古井由吉の最新短編集はその両方を伝える。病の床に伏し、やがて快復する男。迫り来る老い。女との交情。夢と現。生と死。著者は、これまでも描きつづけてきた事柄へ筆の指先をのばし、確かめずにはいられない、というように、いまの時点での感触を炙り出そうとする。

読んでいるうちに、登場人物たちがふと顔をなくすことがある。正体が判然としなくなったり、過去に知っていた人と印象が重なるあまり現在が消失しかけたり、二度三度逢っても「知らない顔に留まっている」女なのに、なぜかすでに交わったことがあるような錯覚に陥ったりする。桜の散るころ、悪疫や厄災を祓うためにおこなわれる鎮花祭で歌われる夜須禮《やすらい》歌。表題作のなかで遠く響くこの田植歌は、人々の顔をひとつにする。「唄い出して声が揚がると、女たちが皆、同じ顔になる」という。著者が描く年老いた男の屈託は、生死の境すらも越えた生命の流れに、届こうとする。だが、届く手前で、幸福でも不幸でもない日常へ紛れていく。

とらえどころのないものが、つかみどころのない独特の揺れをそなえた文章によって綴られていく。「ある朝、こうして雨を眺めている自身が人の影に見えてきた」。ページをめくるごとに、明らかなことなどなにもないという気もちへ引きずりこまれる。自明のことは、なにもない。日常がただ淡々とつづいていくことこそ謎なのだと、著者の小説のすべての行はうたう。過去、現在、未来、交差する時間のなかに立つ人物たちは、出発点も到達点もない道を思わせる。作中で幾度も語られる夢と寝覚めの感触は、そのまま本書のにおいを表している。著者の目は物事の境を感知するように出来ているのだろう。境から湧いてくる失望と安堵を見つめる。

『やすらい花』古井由吉、新潮社

(『読売新聞』二〇一〇年四月一八日)

それでも日々はつづく

渾江という地方都市がこの長編の舞台だ。一九七九年の春、一人の女性が中国共産党の敵として処刑される。顧珊《グーシャン》、二八歳。この判決に疑問をもち、顧珊の名誉回復のために動く者たちもいた。顧珊と同い年のアナウンサーである凱《カイ》は、夫と幼い息子との生活を捨て、この計画に関わる。北京では「民主の壁」が築かれ、政治に人民の声を反映することを求める運動がおこっていた。人々は裏切りや密告におびやかされる。

作者のイーユン・リーは、北京で生まれ育ち、米国へ留学してから英語で創作をはじめた。初の長編となる本作は、過去に中国で実際にあった事件をもとに書かれたという。鋭い洞察、感情を排した記述。この小説は、告発や悲嘆からはきっちりと距離をおいた深みのある次元で、人間や世の中をめぐる観察を結晶させている。祖国を離れ、米国に暮らすからこそ生まれた視座だろう。

本書の魅力の一つは、登場人物たちにある。放浪をやめて道路掃除の仕事にたずさわる華《ホア》夫妻、国のために落命した父親の遺産で生活する八十《バーシー》、文化大革命の騒乱の結果として障害をもって生まれた妮妮《ニーニー》、田舎に育った無邪気な子どもの童《トン》、凱の夫であくまでも国や省の政策に従順であろうとする寒《ハン》。人々は、日々の暮らしが歴史の一部を成すのだと自覚しながら生きているというよりは、ただ懸命に目先の目的を追う。作者が描こうとしたものは、人間のそんなすがただろう。なぜなら、そこに人間のいとおしさがあるから。

登場人物たちのさまざまな境遇や考え方を積み重ねて描くことで、この作品には、ひろい視界が与えられている。政治、思想、生活の細部。これらが組み合わされたところから語られている本書から見えてくるものは、作者の書き手としての忍耐強さだ。複雑な物事を、鋭利で軽妙な筆致によって、ねばり強く捉えている。描かれた出来事に結論はない。その意味でも、すばらしい小説だ。

『さすらう者たち』イーユン・リー、篠森ゆりこ訳、河出書房新社

(『読売新聞』二〇一〇年四月一一日)

流され転がる日々の果て

夫から追い出されるかたちで始まった別居の末に、いまは東京で一人暮らしをつづける「わたし」は、戦死した伯父を弔うために南太平洋のコロンバンガラ島へ向かう。伯父の故郷は、隠岐の島後《どうご》。「わたし」も、小学生時代をこの島で過ごした。隠岐には、後鳥羽院や後醍醐天皇など、流罪となった人々の歴史がある。この小説は、流される、という出来事にまつわる不安定な空気を細部にまで溶かしこみつつ、「わたし」の現在と過去を語っていく。

現在は十貫坂の近くのマンションに暮らす「わたし」は、坂にこだわる。浄瑠璃坂、神楽坂、団子坂。「坂をいくとき、人は刃物をかざしたくなる。坂の傾斜が人のこころを傾ける」。ものを転がす坂のイメージは、流されることの寄る辺のなさに通じているのだ。念頭に浮かんでは消える想念が、大胆な構成で並べられていく。飛躍や分断を交えるこの構成が、物語の筋だけではなく表された言葉そのものを読む瞬間をもたらす。そこには、詩も書きつづけてきた著者のセンスが活かされている。

港のそばで小さな店を経営し、観光客にスルメや島の石や植物を売っていた祖母。姨妬にかられて庖丁を手にした祖母に、追いかけられた祖父。隠岐をめぐる回想の部分は、乾いた懐かしさを湛えていて魅力的だ。祖父母の次男で、海軍に所属し、戦艦に乗っていて一九歳で命を落とした伯父。その伯父を弔う旅への参加を断る、「わたし」の年老いた母。「わたし」の眼には、離れたからこそ見える隠岐が映る。

人も時も、流れ、流されていく。転がり落ちることもある。語り手はそれを、ぼんやりと眺める。手の打ちようがないのだというように。「わたしを住まわせてくれる部屋はあるだろうか。住まわせてくれる坂はあるだろうか」。不安の奥からはユーモアも顔をのぞかせる。島、海、坂。絡み合うイメージが物語の細胞を光らせる。頭のなかに、新たな坂を生み出す小説だ。

『スロープ』平田俊子、講談社

（『読売新聞』二〇一〇年三月七日）

生の哀歓に気づく視線

絵を描く人たちの書いた言葉を読むときには一瞬、ためらう。絵の印象が後退し、もう打ち寄せてこない場合があるからだ。本書は、イラストレーター、絵本作家として絵筆を握りつづけるささめやゆきのエッセイ集。読んで、その結果はというと、絵は近づきも遠ざかりもしなかった。文章の世界がきっちりとあるからだ。

いくつかの文章が心に痕を残した。焼きごてのように。たとえば「人のかたち」。カメラマンのハマやんはいつも独りでいて、何を考えているのかわからない。実体を感じさせない人物。「だが今日軒下に吊されて風にゆれていたYシャツを見たとき、その形がネコ背のハマやんの体型とそっくりであることに気づいた」。作者はこういうことに、つまりは生の哀しさに、度々気づく。針は対極へも振れ、歓びにも気づく。

「八百屋の切手」。店をきりもりしているのはおばあさん。商品は乱雑に積まれ、サトイモが干からびている。「あまり人に知られていないが郵便切手も販売している。しわしわになったいくつもの茶封筒の中に古い記念切手がおさまっている」。おばあさんは来し方について語りながら、切手の代金の勘定をする。時は流れる。

「かまくら文学スケッチ」は、鎌倉文士を中心に、似顔絵とともに綴られる文学案内。若いころ編集者だったこともある作者の、文学に対する独特の距離感から引き出されたスケッチ。ここにあるのは文学を、凝視するのではなく、尊いものとしてそっと眺める視線だ。

作者の生活は長年、夜型らしい。月が満ち欠けしながら頭上をめぐる時間に絵を描く。筆は「穂先が言うことをきかないように柄のおわりあたりをにぎるのがいい」という。パリやニューヨークで過ごした若い日々のこと、生の終わりや始まり、ひもの作り。「何を言いたいのかも解らないので絵筆を握る」。天体の運行のなかに、つかのま生きていることを思い出しながら、この本を、ゆっくりと味わいたい。

『十四分の一の月』ささめやゆき、幻戯書房

（『読売新聞』二〇一〇年二月七日）

喪失と回復を見つめる

ページをめくるごとに、小説を読むよろこびを、確かにとどけてくれる短編集だ。おさめられている八編は、それぞれに異なる味わいと深さと時空の幅をもつ。同時に、表現された言葉の背後で、各編は緩やかにつながっているかのようだ。文章に行き渡るこまやかな観察。けれどそれは冷ややかなものではなく、生を受け止める力強さと慰めとに満ちていて、その意味でときにチェーホフの世界を思わせる。

表題作は、神父の孤独を描く。神父は結婚式を執りおこなうが、その日の花嫁は過去にひそかに愛し合った女性。神父としての人生を放棄していれば、花嫁のとなりに並ぶ男は自分だったかもしれない。ダンスの途中で花嫁のネックレスが切れ、真珠が転がる。「神父は手を伸ばして拾いあげる。真珠は手に温かい。彼女の温もりだ。それが、今日のどんなできごとよりも、彼をはっとさせる」。過去と未来。失意と新たな出発。神父がひとり歩く野の青さは、言葉をとおして読む者の胸にひろがり、静かに染めていく。

「クイックン・ツリーの夜」もすばらしい。舞台はアイルランド西部、大西洋をのぞむモハーの断崖の近辺だ。木が育つ東部から来た女と、木のかわりに草が風にそよぐ西部の男の恋愛小説。男は雌ヤギと寝食をともにし、クリスマスに好物のウナギをフライパンで焼く。女は、さまざまな迷信を信じていて、人々の傷を治したり、相談相手になったりする。本書のなかでは、とりわけユーモアの色彩が濃い一編だ。

喪失と回復について記すとき、作者の言葉は冴える。「森番の娘」のマーサは炉辺で近所の人たちに物語を語る。「そんな珍しい夜には、彼女は宙からなにか取りだし、それを目の前で割ってみせた」。マーサと同じように、作者もまた宙から物語を取りだし言葉に置き換えていく。ひもとけば、暮らしの陰影や生きもののにおいが、野を渡る風にのって運ばれてくる。

『青い野を歩く』クレア・キーガン、岩本正恵訳、白水社

（『読売新聞』二〇一〇年一月一〇日）

祭りと旅の歓喜を映して

祭りや旅をめぐるエッセイを集めた本書は、行く先々で著者が何に心を動かされたのかを、ときおりはにかむような文章にのせてまっすぐ伝える。山形・鶴岡の黒川能、高知・赤岡の絵金祭り、沖縄の琉球國祭り太鼓。日本各地の祭りと人々の動きや暮らし。さらにネパールやチベットの無墓文化と鳥葬儀礼などへ、話題はひろがる。表側に現れていないものを嗅ぎ当てるようなその嗅覚に任せて、著者はあちらこちらへ出掛ける。

馬の背にゆられて四泊五日の旅、辿りついたネパールの町ローマンタンは、砂の国にぽつんと残る城郭都市。建物の壁面にやわらかい印象があるのは、町の女性たちの手で泥が塗られて作られているからだ、と知ったときの驚きが綴られる。「すべての壁は人間の手で撫ぜられて作られており、そこを眼の見えない老婆が触りながら歩く」。

気づくこと、そのとき不意に降りそそぐ歓び。本書は、旅についての歓喜の波とその過程を、精確に映し出す。いくつもの旅をそばで見ている気持ちになる。人との係わりを、求めては離れていく旅のすがたが、ここにある。

『旅に溺れる』佐々木幹郎、岩波書店
（『読売新聞』二〇一〇年七月一一日）

あとがき

本書は、新聞に掲載した書評と、本や読書にまつわる短いコラム（毎日新聞）から成る。読売新聞の読書委員を二年（二〇一〇年一月－二〇一一年一二月）、朝日新聞の書評委員を三年（二〇一五年四月－二〇一八年三月）務めた。それぞれ、本社において隔週で開かれる会議に参加し、どの本について書評をするかを決め、読み、執筆する、ということを重ねた。

出版は時代を映す。これまでと、これからを考える読書を、多様な姿にしていくために書評はある。本を読む楽しさの中にはいつも、よくわからない事柄を抱える感触が含まれているはずだ。その場だけで終わるのではなく、持続的に心の中に抱えることのできる出来事と出会う場、それが本だろう。一冊一冊を大事にしたい。

各書評のタイトルについても記しておきたい。新聞の書評のタイトルは通常、見出しと同じ扱いであるため、記者の方々が書いている。本書では新聞での初出のタイトルのままとした（ただし、短めの書評については、初出の紙面ではタイトルが付されない形式だったので、今回私のほうで新たに付けた）。

新聞の見出しはごく短めの言葉だけれど、何度も書き直され、校了ぎりぎりで決着がつく、という現場も少なからずあった。一語一語と向き合う、記者の方々の真剣な姿がそこにあった。単行本にするにあたって、改行の位置を変えたり、文字の表記を変えたり、文章を書き替えた箇所があることも併せて記しておきたい。

新聞の書評を書くうちに確信したことがある。それは、字数が短めの書評の場合、長い原稿を削ればよいかというと、そうはならない、ということだ。逆の場合も同様だ。短く書いた書評に、内容を追加すれば長い書評となるのかというと、それではだめなのだ。つまり、書評は字数に即したかたちで生まれてくる。恐ろしい場だ。

執筆当時に担当していただいた各社の記者の方々、青土社の菱沼達也さん、瑞田卓翔さん、装幀をしていただいた菊地信義さんに心から感謝を捧げたい。

二〇一八年初秋

蜂飼耳

著者　蜂飼耳（はちかい・みみ）
1974年神奈川県生まれ。詩人・作家。早稲田大学大学院文学研究科修士課程修了。詩集に『いまにもうるおっていく陣地』（紫陽社、第5回中原中也賞受賞）、『食うものは食われる夜』（思潮社、第56回芸術選奨新人賞受賞）、『隠す葉』（思潮社）、『顔をあらう水』（思潮社、第7回鮎川信夫賞受賞）、『現代詩文庫・蜂飼耳詩集』（思潮社）。小説に『紅水晶』（講談社）、『転身』（集英社）など。文集に『孔雀の羽の目がみてる』（白水社）、『空を引き寄せる石』（白水社）、『秘密のおこない』（毎日新聞社）、『空席日誌』（毎日新聞社）、『おいしそうな草』（岩波書店）。童話集に『のろのろひつじとせかせかひつじ』（理論社）、『クリーニングのももやまです』（理論社）など。絵本に『うきわねこ』（絵／牧野千穂、ブロンズ新社、第59回産経児童出版文化賞ニッポン放送賞受賞）、『ゆきがふる』（絵／牧野千穂、ブロンズ新社）、『ふくろうのオカリナ』（絵／竹上妙、理論社）など。古典の現代語訳に『虫めづる姫君　堤中納言物語』（光文社古典新訳文庫）、『方丈記』（光文社古典新訳文庫）などがある。

朝毎読《ちょうまいよみ》
蜂飼耳書評集

2018年10月30日　第1刷印刷
2018年11月15日　第1刷発行

著者——蜂飼耳《はちかいみみ》

発行人——清水一人
発行所——青土社
〒101-0051　東京都千代田区神田神保町1-29　市瀬ビル
［電話］03-3291-9831（編集）　03-3294-7829（営業）
［振替］00190-7-192955

印刷・製本——シナノ印刷

装幀——菊地信義

ISBN 978-4-7917-7114-1　C0095